新时代
中国铁路路基

《新时代中国铁路路基》编委会　著

中国铁道出版社有限公司
CHINA RAILWAY PUBLISHING HOUSE CO., LTD.
2024年·北　京

图书在版编目（CIP）数据

新时代中国铁路路基 / 《新时代中国铁路路基》编委会著. -- 北京 : 中国铁道出版社有限公司，2024. 10. -- ISBN 978-7-113-31650-1

I. U213.1

中国国家版本馆 CIP 数据核字第 20240HP639 号

书　　名：新时代中国铁路路基
作　　者：《新时代中国铁路路基》编委会

策　　划：杨新阳　刘　霞
责任编辑：王　健　　　　**编辑部电话：**（010）51873065
装帧设计：刘　莎　郑春鹏　尚明龙
责任校对：安海燕
责任印制：高春晓

出版发行：中国铁道出版社有限公司（100054，北京市西城区右安门西街 8 号）
网　　址：https://www.tdpress.com
印　　刷：北京盛通印刷股份有限公司
版　　次：2024 年 10 月第 1 版　2024 年 10 月第 1 次印刷
开　　本：889 mm×1 194 mm 1/12　**印张：**23　**字数：**468 千
书　　号：ISBN 978-7-113-31650-1
定　　价：498.00 元

《新时代中国铁路路基》编委会

序　一

路基，作为铁路线路工程的基石，承载着轨道结构与列车的荷载。回顾过去，路基的强度偏低，变形较大，运营过程中病害较多，是线路工程中相对薄弱的环节。随着我国高速铁路的迅猛发展，列车的安全与高速运行对线路提出了更为严格的要求，路基作为铁路基础设施的重要组成部分，其相关技术标准体系也随之逐渐完善。

自 2008 年起，随着高速铁路技术创新的深入推进，中国铁路步入了快速发展的崭新阶段，我国铁路路基工程逐步进入技术引领阶段，向更智能、更安全舒适、更高标准的方向迈进。迄今，我国铁路总体技术水平已进入世界先进行列，路基结构设计、建造、运维等技术领域达到世界领先水平，在高速铁路路基基床毫米级变形控制、智能填筑、自动化监测评估、复杂环境下服役性能保持技术等方面取得一系列创新成果，掌握了高速铁路关键核心技术。身为始终关心我国铁路路基工程发展的老科技工作者，我亲历了我国高速铁路路基工程的发展过程，深知其间的艰辛和不易。

我欣然为《新时代中国铁路路基》一书作序。本书由表及里、层层铺展，为广大读者生动展现了新时代中国铁路路基的壮丽景观和创新成果。景观篇章中，一系列铁路路基与自然景观和谐融合的画面跃然纸上，铁路建设者们攻克了在平原、山区、黄土、高原、寒区、风沙等不同自然环境条件下的铁路路基建造技术难题，打造了一批精品工程。创新篇章则聚焦进入新时代以来，铁路路基建设工作者在数智化、绿色低碳、装配式建造等方面取得的一系列自主创新成果。这些技术创新有力推动了铁路新质生产力的发展，为我国现代化铁路基础设施体系建设提供了重要支撑。

《新时代中国铁路路基》不仅系统地展示了中国铁路路基建设的辉煌成就，同时通过翔实的数据和生动的实例，深入浅出地讲解了复杂的工程技术。本书适合路基科技及建设领域的工作者和高等院校师生参考，也能让普通读者对中国铁路路基领域的发展有更直观、更深刻的了解。

中国工程院院士　周镜

2024 年 7 月

序　二

进入新时代，我国建成了世界上最现代化的铁路网和最发达的高速铁路网，实现了从追赶到领跑的历史性变化，作为“国家名片”，中国高铁已走出国门，在“一带一路”展现着中国速度和中国创造。截至 2023 年底，全国建成了约 1.4 万公里的高速铁路路基工程，形成了世界上运营速度最高、应用场景最丰富、技术体系最全面、规模最庞大的高速铁路路基系统。

路基作为铁路线下工程的重要组成部分，是保证列车高速、安全、舒适运行的关键工程。其本体主要由土、石等天然材料构成，在自然环境中，经受着风霜雨雪的侵蚀、寒冬酷暑的考验。铁路路基从最初的土石方填挖工程到如今的高标准土工结构物，满足了高速铁路轨道结构需要的强度、刚度、平顺性以及运营舒适度等方面的严苛要求。在铁路建设过程中，铁路路基科技工作者和建设者们始终坚持中国特色自主创新道路，攻坚克难，不断前行，解决了在复杂地形地貌、特殊岩土、不良地质以及极端气候环境条件下的铁路路基建造难题，取得了一批重大技术成果。从辽阔平原到艰险山区，从寒区雪原到热带丛林，从烟雨江南到大漠戈壁，铁路路基在祖国广袤的大地上不断延伸前行。“看似寻常最奇崛，成如容易却艰辛”，作为广大铁路建设者中的一员，我有幸同大家一道亲历了这一伟大实践，深知取得这些成果何其不易。

为展示新时代中国铁路路基建设的辉煌成就，总结铁路路基建造技术创新成果，中国国家铁路集团有限公司工程管理中心组织相关单位编写了《新时代中国铁路路基》画册。画册精选了我国典型自然环境、不同地理区域以及“一带一路”代表性铁路项目路基精品工程图像资料，以图文并茂的形式生动展现了铁路路基丰富的应用场景以及与自然、人文环境和谐共融的美丽画卷。编者们精心制作了路基建造新技术的原理图、模型图，并结合现场实际应用场景照片，全方位展示了我国铁路路基建造技术的创新成果和数智化水平，对铁路路基的未来进行了展望，期待开启铁路路基新的篇章。

《新时代中国铁路路基》画册是一部记录中国铁路路基发展成果的珍贵资料，也是一部关于铁路路基的科普图书。我衷心希望这本精美的画册能够成为广大铁路爱好者了解和认识中国铁路路基建设的重要窗口，激发人们对铁路路基事业的热爱和关注，也可供铁路科技工作者、建设者和院校师生参考。

中国工程院院士 卢春房

2024 年 7 月

前　言

新时代以来，我国铁路建设取得了举世瞩目的伟大成就。铁路网覆盖越来越广，高速铁路如雨后春笋般涌现，连接着城市与乡村，让出行更加便捷。我国已经成为世界上高速铁路运营里程最长的国家，从东部沿海到西部内陆，从北部严寒到南部热带，复兴号奔驰在广袤的大地上，拉近了时空距离。截至2023年底，中国铁路营业里程已达15.9万公里，其中高速铁路4.5万公里，居世界第一。

路基是承受轨道结构和列车荷载的基础，是铁路线路工程的一个重要组成部分。高速铁路路基除应具备一般铁路路基的基本性能之外，还需要满足高速铁路轨道对基础在强度、刚度、平顺性以及运营维护方面提出的严苛要求。新时代以来，我国铁路路基工程在软土、膨胀土、湿陷性黄土等特殊土地基处理、路基结构及填料设计、支挡防护及防排水、路基变形防治、季节性冻土冻胀防治等方面进行了一系列研究和技术创新，在路基桩基施工、路基填筑等方面实现了信息化、智能化施工，在排水沟、边坡防护、支挡结构等方面进行了装配式施工的创新实践，在车站路基建造以及新线引入既有高铁技术方面积累了丰富的经验，并形成了具有中国特色的高速铁路路基建造标准。通过工程实践和技术创新，我国高速铁路路基工程建设取得了丰硕成果，确保了高速铁路运营的安全稳定。

本画册精选了近年来我国沿海、高寒、风沙、艰险山区等不良地质、特殊地貌及不同气候环境下路基工程的建造实例，通过图片、视频和文字等形式，生动展现了新时代中国铁路路基工程取得的伟大成就。全书共二篇十七章。第一篇为景观篇，主要展现平原、山区、黄土、林区、草原、高原、寒区、风沙等地区以及“一带一路”铁路路基与自然、人文环境和谐共融的景观。第二篇为创新篇，主要展现近年来我国铁路在地基处理、路基填筑、边坡支挡防护及变形监测等方面在“四新”技术、信息化、智能化、装配式等方面取得的丰硕成果。最后对我国的铁路路基工程技术发展和今后的创新工作进行了简要展望。

《新时代中国铁路路基》画册由中国国家铁路集团有限公司工程管理中心牵头，会同铁科院、中国铁设、上海局集团公司、中铁三局等单位进行了编写。各铁路局集团公司、各铁路公司、报业集团、各设计院、中国中铁、中国铁建等单位提供了大量的照片、视频等画册素材，在此谨向对本书提供支持、帮助的单位和个人表示诚挚的感谢！

《新时代中国铁路路基》画册是记录新时代中国铁路路基建设辉煌成就的珍贵资料，希望铁路参建各方，以“四新”技术和数字化、智能化为手段，在路基工程建设中发挥各自的优势，为进一步提升我国铁路建造水平贡献智慧和力量。

著者

2024年7月

目 录

第一篇 景观篇

CRH

第一篇

景观篇

概述

铁路路基作为铁路工程的重要组成部分，贯穿于中国大地的各个区域，从一马平川的平原到崎岖起伏的山区，从茂密森林到辽阔草原，从壮丽高原到冻土寒区，从厚重的黄土地到荒凉的戈壁沙漠，再随着“一带一路”延伸至其他国家地区。铁路路基的建设不仅要克服各种复杂地质、地形以及气候问题，还要考虑与人文、自然环境和谐共生，展现出独特的景观魅力。

本篇聚焦于铁路路基在不同自然环境条件下的独特景观，展示了我国铁路路基丰富的应用场景和取得的重大成就。我们将沿着铁路的轨迹，体验平原区铁路路基的稳健悠远，探索山区铁路路基的壮丽险峻，领略黄土铁路路基的沧桑厚重，感受林区铁路路基的静谧多彩，畅游草原铁路路基的辽阔宁静，领悟高原铁路路基的雄浑磅礴，欣赏寒区铁路路基的冰雪奇观，赞叹风沙铁路路基的顽强坚韧，最后将目光转向“一带一路”铁路路基的建设成果，见证铁路路基与自然和谐共融的美丽画卷。

在平原区，铁路路基如大地的动脉，稳定而持久。这里的铁路穿越广袤的田野，与碧绿的稻田和金黄的麦浪相伴而行。在铁路建设过程中，铁路建设者们大力推进路基绿色生态环保理念，因地制宜制定了绿色通道方案，将铁路路基打造成一条条具有诗情画意的绿色生态长廊。平原区广布深厚软土、松软土层，具有典型的“三高一低”(高含水量、高孔隙比、高压缩性、低承载力)特征，控制平原区路基工程的工后沉降是铁路建设的重点和难点。在新时代，铁路路基建设者们发明了多种地基加固新技术，形成了基于地基土分类新标准的地基处理原则，进一步完善了铁路路基地基处理技术体系，实现了我国高速铁路路基工程“毫米级”工后沉降控制的目标。

在山区，山峦叠嶂，云雾缭绕，铁路路基如巨龙盘旋，沿着高山峡谷蜿蜒前行。山谷中的溪流、瀑布与铁路交相辉映，形成了一幅壮丽的自然画卷。山区铁路路基建设需要克服复杂的地形和地质条件。新时代，铁路建设者们采用“空、天、地”一体化勘察设计手段，进一步完善了岩溶、膨胀岩土路基地基处理、边坡加固、防排水等关键技术体系，研究应用了多种新型支挡结构、地基加固和防排水措施，保证了山区铁路路基的运营安全，显著提升了复杂艰险山区铁路路基建造水平。

在黄土地区，铁路路基沿着千沟万壑的大地延展前行，勾勒出一幅苍茫壮丽的景象。湿陷性黄土具湿陷性、大孔隙、高压缩性等特点，遇水易产生沉降变形。新时代，铁路建设者们通过开展试验研究和实践摸索，揭示了湿陷性黄土铁路路基沉降变形特性和规律，建立了湿陷性黄土地区高速铁路地基沉降分析与设计方法，形成了湿陷性黄土地区不同地层条件下相应的地基处理原则。创新研发了刚柔性长短桩复合地基、桩板结构、阻水＋底扩桩等新结构，实现了黄土地区铁路路基工程“毫米级”变形控制的目标。

在森林地区，随着四季变换，林海展现出不同的景观。夏季万木葱茏生机勃勃，秋季万山红遍层林尽染。铁路路基如飘带一般穿梭于茂密的林海之中，阳光透过树梢洒在铁路上，斑驳的光影随着列车的行驶变幻无穷，与大自然融为一体。

在草原地区，广袤的草地、连绵的丘陵这些自然元素与铁路路基相辅相成，构成了和谐的风景画。铁路路基在草原区的建设与当地自然环境相结合，降低了对生态的影响，体现出人与自然的和谐共生，展现了草原铁路的壮美和宁静。

在高原地区，伴随着日出日落的霞光，铁路在雪山草甸中延展，如穿行在云端之上的天路。铁路建设者们克服了高海拔条件下的冻土、缺氧、生态环境脆弱等挑战，确保了铁路路基的稳定安全，完成了人类在极端环境中的伟大壮举，给雪域高原带来了吉祥安康。

在寒冷地区，铁路路基穿行于银装素裹的冰雪世界中，仿佛一条银色的丝带，连接着白雪皑皑的天地，展现出一种壮丽而又冷峻的美感。列车高速通过时，卷起的雪雾在阳光下闪烁，仿佛一场奇幻的光影盛宴。通过采用保温、防冻胀等新技术和设置防雪栅栏等措施，实现了寒区铁路的安全高效运营，展现了我国铁路路基在极寒环境中的适用性。

在风沙地区，铁路路基在荒漠中不断延伸，穿越沙漠，跨越戈壁，犹如一条生命之路，为沿线带来无限生机。建设者们积极贯彻植物防护为主、工程防沙为辅的原则，采用“外阻内固、外高内低”的“七带一体”综合防沙体系，成功抵御了风沙侵袭。铁路路基在风沙肆虐的环境中坚韧前行，与荒漠中的绿洲、沙丘、风蚀地貌共同构成了一幅壮丽的自然画卷。

在共建“一带一路”国家和地区，铁路路基如连接东西方的纽带，横贯亚欧大陆，连接了不同的文化与经济体。中国铁路技术标准在异国他乡落地生根，展示了中国高铁技术的先进性和普遍适用性。“一带一路”铁路路基展示了沿途地区独特的自然和人文景观，凸显了和平共处、合作共赢的时代精神，展现了中国与世界携手共进的美好愿景，为推动构建“人类命运共同体”做出了重要贡献。

第 1 章

平原铁路路基

第 1 章 平原铁路路基

1.1 川青铁路

川青铁路连接四川省成都市和青海省西宁市，全长 836.5 km，设计速度 200 km/h，青白江东至镇江关段于 2023 年 11 月开通运营，镇江关至黄胜关段于 2024 年 8 月开通运营。作为中国“八纵八横”高速铁路网的重要组成部分，川青铁路构建起连通西北、西南的铁路大通道，全线建成通车后，将结束川西北地区没有铁路的历史。

成都平原位于四川盆地西部，地势平坦，沃野千里，四季分明，景色各异，美不胜收，自古以来便是人间烟火与自然美景交织的典范。

图中路基位于川青铁路四川省广汉段，经过素有“天府之国”美誉的成都平原。路基边坡采用人字形骨架和灌草结合防护，与周边环境相得益彰。

川青铁路路基经过有“天府之国”美誉的成都平原

1.2 沪苏湖高铁

沪苏湖高铁起自上海虹桥站，终至湖州站，全长 163.708 km，设计速度 350 km/h，于 2020 年 8 月开工建设，是长三角一体化国家战略基础设施互联互通代表性项目，对于完善长三角地区交通网络布局，促进区域经济社会一体化发展具有重要意义。自开工以来，项目积极践行“两山”理念，加强绿色、智能建造技术攻关，强力打造沪苏湖高铁路基绿色智能精品工程。

图为湖州东站填方路基段，边坡景观绿化采用的植物主要有波兰菊、翠芦莉、金森女贞、百合等，植物色彩鲜艳明亮，与远处的高山交相辉映，不禁让人联想到“山水清远，生态湖州”的美丽场景。

沪苏湖高铁绿色通道建设

绿动沪苏湖 高铁绘新景

图为湖州东站站场路基绿色通道建设，不同色系植物的搭配，给车站增添了明亮的色彩，充满生机和活力，在蓝天白云映衬之下，打造了一幅“在湖州看见美丽中国”的美好画卷。

湖州东站局部景观

绿色温馨
经济艺术
智能便捷
绿水青山就是金山银山
想你的风还是吹到了湖州东站

1.3 沪通铁路

沪通铁路连接上海市与江苏省南通市，全长 143 km，设计速度 200 km/h，其一期工程于 2020 年 7 月开通运营。沪通铁路建成后，沿海铁路大通道将全面贯通，将极大缩短上海与南通及苏北地区的时空距离，对于江苏沿江两岸产业联动发展具有重要意义。

右图路基绿色通道采用金叶女贞、红叶石楠等不同色彩植物进行搭配，与“白墙黛瓦马头墙，回廊挂落花格窗”风格的围墙相搭配，充分展现了“江南片玉，灵秀昆山”的意境。

下图展现的是昆山天福湿地段路基绿色通道景观，通过撒播草籽与巧妙点缀灌木球，将蜿蜒的铁路与周边环境和谐相融，和远处高楼林立的繁华市区遥相辉映，绘就了一幅自然与工业交织的壮丽画卷。

沪通铁路绿色生态之旅

生态沪通，灵秀昆山

1.4 中兰高铁

中兰高铁北起宁夏回族自治区中卫市，通过既有中川城际铁路引入兰州枢纽，全长约 218 km，设计速度 250 km/h，于 2022 年 12 月开通运营。中兰高铁的开通对于推进西部大开发、缩小区域发展差距、促进沿线经济社会高质量发展具有重大意义。

图中路基经过有“塞北江南”之称的宁夏平原，一块块不同颜色的农田如棋盘格一样分布在大地上，与笔直的铁路路基交织在一起，形成了一幅和谐的画面。农田中的作物在等待着成熟，铁路路基也正在静静等待着开通的列车经过。农民的辛勤耕耘与铁路建设者的辛苦付出都在等待着最终的收获。

中兰高铁路基经过有“塞北江南”之称的宁夏平原

扫描二维码
了解更多相关知识

1.5 敦白高铁

敦白高铁起自敦化南站终至长白山站，全长 99 km，设计速度 250 km/h，于 2021 年 12 月开通运营。敦白高铁对拉动区域经济社会发展，特别是增进民族地区旅游、经贸、文化等交流具有重要意义。

右图路基位于敦化南站附近。线路经过低缓丘陵区，在金秋的阳光下，铁路路基顺直的线条、细腻的护坡纹理与金黄色的田野和火红的山林相互映衬，融为一体。

下图路基位于吉林省延边州安图县附近。路基两侧是郁郁葱葱的农田，仿佛是大自然精心布置的绿毯，铺展至天边。在蓝天白云下，高速列车穿越田野与山丘，展示着现代科技的速度。

敦白高铁路基经过长白山北麓的山间平原

敦白高铁路基经过长白山西麓的山间平原

1.6 连镇高铁

连镇高铁连接连云港市和镇江市，正线全长约 304 km，设计速度 250 km/h，于 2020 年 12 月开通运营。连镇高铁全线通车为促进苏南苏中苏北协调发展、推动长三角更高质量一体化、服务全国构建新发展格局提供有力的交通支撑。

图为高邮北站的路基景观。金黄色的稻田如同金色的海洋，散发出丰收的喜悦。铁路从稻田中穿过，路基边坡人字形骨架井然有序的层次为这美景增添了几分韵律感。

连镇高铁路基穿越金色田野

1.7 浩吉铁路

浩吉铁路北起内蒙古自治区浩勒报吉，终到江西省吉安市，线路全长 1813.5 km，设计速度 120 km/h，其中江陵站至坪田站段 200 km/h。2019 年 9 月，浩吉铁路全线通车投入运营。浩吉铁路开通后，“北煤南运”大通道作用日益凸显，为保障国家能源安全、服务经济社会发展提供了可靠运力保证。

右图为动态检测车行驶在江汉平原段路基上。坡面采用喷播基材植生，生态绿化效果显著，与周边农田融为一体。

下图为湖北省荆门市东宝区段膨胀土路基。富有韵律的边坡防护措施与茂密的树林、多彩的植被相互映衬，展现了铁路与自然的和谐统一。

浩吉铁路经过“荆楚门户”

在江汉平原中穿行的浩吉铁路

俯瞰哈齐

1.8 哈齐高铁

哈齐高铁起自哈尔滨西站终至齐齐哈尔站，全长 282 km，设计速度 300 km/h，于 2015 年 8 月开通运营。是中国“八纵八横”高速铁路网主通道之一“绥满通道”的重要组成部分，是黑龙江省第一条省内城际间高速铁路。

图为尚家至宋站区间路基，在东北辽阔的黑土地上延伸至天际。以紫穗槐为主体植物的路基绿色通道，形成了壮观的生态长廊，在蓝天白云映衬之下，铁路路基与田野融合交织在一起，形成了一幅令人心旷神怡的画面。

哈齐绿色长城 守护黑土地绿水青山

1.9 鹤岗铁路

鹤岗铁路南起黑龙江省佳木斯市，北至鹤岗市，全长 71.5 km，设计速度 160 km/h（部分预留 200 km/h），于 2022 年 12 月建成通车。鹤岗铁路的开通运营，进一步完善了东北地区路网结构，极大便利沿线人民群众出行，对于促进沿线资源型城市转型发展，推动新时代东北全面振兴、全方位振兴具有十分重要的意义。

图中路基位于佳木斯市与鹤岗市交界区域。广袤的农田生机盎然，天光云影映射在一片郁郁葱葱的田园之上。穿行而过的铁路路基为土地增添了柔美的曲线，形成了一种人与自然和谐共生的美丽画面。

鹤岗铁路路基经过有“北大仓”之称的三江平原

CRH
高速综合检测列车

第 2 章

山区铁路路基

第 2 章　山区铁路路基

2.1　池黄高铁

池黄高铁起自池州站终至黟县东站，全长 125 km，设计速度 350 km/h，于 2024 年 4 月开通运营。池黄高速铁路建成后，将成为串联皖南两山一湖（九华山、黄山、太平湖）核心景点的黄金旅游线路，对完善区域快速铁路网布局，加快皖南国际文化旅游示范区建设，促进沿线经济社会协调发展具有重要意义。

图中路基位于池州市青阳县，该段路基在开通绿化达标评定中荣获第一名。路基边坡坡面按照“四季常绿、三季有花；乔灌结合、错落有致；试点先行、典型引路；控制成本、注重长效”的总体原则进行设计施工。在线性布局的基础上，采用不同色彩植物搭配，强化了高速铁路绿色通道的四季景观效果。

池黄多彩护坡

红翠织梦　高铁穿越的生态画卷

2.2 常益长高铁

右图路基位于益阳市高新区益阳南站。高铁路堑穿行于绿意盎然、连绵不绝的群山之间。铁路路基在云雾缭绕的群山中若隐若现，仿佛一幅雄浑壮丽的写意水墨画。

下图路基位于益阳市高新区，路堑坡脚设置重力式挡土墙，坡面采用锚杆框架梁和骨架护坡防护，坡面种植草灌。边坡开挖及防护线条整齐美观，充分展现了路基边坡防护对称秩序之美。

路基边坡防护对称秩序之美

山间飘带　常益长高铁的深路堑

2.3 昌景黄高铁

右图为铁路路基穿过重峦叠嶂的“瓷都”景德镇市昌南新区，线路两侧森林植被茂密，铁路路基骨架护坡线条顺畅美观，坡面绿意盎然，在朝阳的映衬下，显现出金色的光辉，与群山交相辉映，形成了一幅和谐的画卷。

下图铁路路基位于安徽省黄山市黟县西递镇。边坡支挡防护措施线条美观、整齐有序，坡面采用灌草结合绿化防护，有效保护了生态环境，与山林融为一体。

昌景黄高铁路堑高边坡

昌景黄高铁穿越“瓷都”景德镇

2.4 贵广高铁

贵广高铁连接贵州省贵阳市与广东省广州市，为“八纵八横”高速铁路网主通道的重要组成部分。线路全长 857 km，运营速度 300 km/h，于 2014 年 12 月全线通车运营。其串联了我国华南地区和西南地区大片原生态旅游景点和少数民族聚集区，是一条文化长廊和生态之路。

图中贵广高铁路基穿越喀斯特岩溶地区，这里山形挺拔，层峦耸翠，显现出桂林山水甲天下的气象。路基边坡植被茂密，郁郁葱葱，高铁路基在如画的喀斯特山峰间蜿蜒延展，为这片壮丽的山水增添了一份活力。翠绿的山谷与宁静的村庄在高铁的映衬下，更显生机勃勃。现代工程的奇迹与桂林山水的秀美交相辉映，共同谱写了一曲动人的自然与科技的交响乐。

贵广高铁动车组穿越层峦耸翠的喀斯特峰林地貌

图为贵广高铁桂林西站附近铁路路基景观，位于桂林市灵川县定江镇。在夕阳的余晖中，贵广高铁如同一道银色的飘带，蜿蜒穿行于桂林西站附近的喀斯特地貌中。远处的山峰如剪影般耸立，青翠的山体与红霞交相辉映，勾勒出一幅如梦似幻的画卷。

满天红霞下高速动车飞驰经过重山叠翠的峰林

2.5 南崇高铁

南崇高铁东起南宁枢纽，经扶绥、渠黎引入崇左南站，全长 121 km，设计速度 250 km/h。是“一带一路”和中新互联互通南向通道建设的重要交通设施，对于广西乃至整个西南地区经济社会发展均具有重要意义。

图片拍摄于广西壮族自治区崇左市扶绥县。在一望无际的蓝天白云下，青山如黛，峰峦叠翠，每一座山峰都独具风韵，犹如大自然雕刻的艺术品。一列黄色动检列车飞驰而过，打破了山间的宁静，突显了动与静、黄与绿的强烈对比之美。

蓝天白云下“黄医生”飞驰在青翠欲滴的峰林之间

2.6 黔张常铁路

黔张常铁路起自渝怀铁路黔江站，经张家界，终至湖南省常德市。正线长度 336.3 km，设计速度 200 km/h，2019 年 12 月开通运营。是中国“八纵八横”高速铁路网主通道的重要组成部分。

右图中黔张常铁路教字垭车站路基位于张家界市永定区。绿色的田野中点缀着白墙青瓦的房屋，远处的山村显得格外宁静安详。路基边坡采用骨架和锚杆框架梁防护，路基线条整齐有序，与当地自然环境和谐相融。

下图为黔张常铁路路堑边坡，坡面采用菱形锚杆框架梁防护，建设过程中充分考虑边坡绿化，有效保护了自然生态环境。

黔张常铁路路堑边坡菱形锚杆框架梁防护

黔张常铁路与自然和谐共生

2.7 浦梅铁路

浦梅铁路是连接南平市浦城县与梅州市的铁路，建宁至冠豸山段正线长度 162 km，设计速度 160 km/h，2021 年 9 月开通运营。浦梅铁路填补了闽西北部山区铁路空白，将福建西北部山区市县有机地连接起来，对完善东南地区铁路网布局、提升打造沿线“生态旅游”“红色旅游”“客家文化”等方面有着重要的意义。

图为长潭河至白石段路基，铁路路基克服了复杂的地形条件，穿越重山峻岭、峰谷连绵的山区，在建设期充分践行“来时青山绿水、走时绿水青山”的理念，有效保护了生态环境。

高陡边坡

浦梅铁路路基穿越峰谷连绵的山区

2.8 日兰高铁

日兰高铁起自山东省日照市，终至河南省兰考县，线路全长 494 km，设计最高速度 350 km/h，2024 年 7 月全线开通运营。日兰高铁是国家“八纵八横”高铁网的重要连接通道，结束了临沂革命老区不通高铁的历史，在全面提升交通条件、满足老区群众快捷出行需求的同时，为革命老区发展红色旅游、决战脱贫攻坚、推进乡村振兴提供了有力支撑。

图中展现了日兰高铁穿越梯田的景象。铁路路基段落穿过金黄色的农田，连接着这片宁静的土地与远方的梦想。栽满植被的边坡仿佛自然天成的画卷，铺展在广袤的大地上。远处的山丘层峦叠嶂，以一种沉稳的姿态守护着这片土地，构成了一幅和谐而美丽的画面。

日兰高铁路基经过错落有致的梯田

2.9 喀赤高铁

喀赤高铁从京哈高铁喀左站引出，终至内蒙古自治区赤峰市，全长 157.3 km，设计速度 250 km/h，于 2020 年 6 月开通运营。这条线路的开通，使内蒙古东南部地区与辽宁西北部地区共同接入全国高速铁路网，驶上经济发展的快车道，开启全面推动地方区域发展的新篇章。

图片拍摄于内蒙古赤峰宁城县附近。粉如霞蔚的杜鹃花开满了整个山坡，静静看着高速列车从山前经过。山峦的轮廓在蓝天白云的映衬下显得格外清晰，与整齐有序的骨架护坡遥相呼应，共同刻画了动静结合的一道风景。

岭上开遍映山红

2.10 渝昆高铁

渝昆高铁起自重庆西站，终至昆明南站，全长 698.96 km，设计速度 350 km/h，渝昆高铁是我国“八纵八横”高速铁路主通道之一京昆通道的重要组成部分，对深入推进长江经济带发展，加强成渝城市群和滇中城市群、东盟地区联系具有重要意义。

右图路基位于四川省宜宾市江安县迎安镇，绿色的田埂、红色的水田、白色的道路如同五彩斑斓的调色盘，而被梯田所环绕的高铁路基，犹如放置在调色盘上的画笔。高铁路基与自然环境融为一体，营造出一种和谐共生的美感。

下图路基位于四川省泸州市龙马潭区特兴街道，建设过程中坚持“能绿尽绿、多绿少硬”的原则，努力创建边坡防护、排水体系、防护栅栏等精品工程，达到“精品、智能、绿色、人文”的建设要求。

绿色工程，精品渝昆

渝昆高铁生态调色盘之画笔

2.11 兰渝铁路

兰渝铁路北起兰州站，南至重庆北站，穿越甘、川、渝二省一市和 22 个市县（区），正线全长 886 km，设计速度 160 km/h（部分路段预留速度 200 km/h）。2017 年 9 月，兰渝铁路全线正式开通运营。兰渝铁路是中国国家《中长期铁路网规划》中西北至西南区域间客货并重的大能力运输新通道，是中国铁路网的重要组成部分。

图为甘肃陇南白龙江畔，一望无际的油菜花沿江竞相绽放，给大地铺上了金色的地毯，一列“绿巨人”飞驰在路基上，穿越花海，奔赴一场春日的幸福之旅。

兰渝铁路上的花海列车（一）

兰渝铁路上的花海列车（二）

兰渝铁路上的花海列车（三）

2.12 安九高铁

安九高铁起自安庆西站，终至庐山站，全长 176 km，设计速度 350 km/h，于 2021 年 12 月开通运营。安九高铁是国家中长期铁路网规划“八纵八横”高速铁路主要通道京港通道的重要组成部分。

图为安九铁路龙山线路所路基景观，路基坡面以“宜灌则灌，草灌结合”为总体原则，色彩上以红、黄、绿为主色调，打造生态安九，百里画廊。路基边坡上“生态安九”四字模纹图案，色彩鲜明、造型别致，与疾驰而来的高速动车共同构成了一幅和谐美丽的生态画卷。

钢铁巨龙穿越龙山

生态安九　百里画廊

第 3 章

黄土铁路路基

第 3 章 黄土铁路路基

3.1 浩吉铁路

右图为浩吉铁路经过黄土高原的梁、塬、峁、沟。绿色的植被与远处的蓝天白云给这片千沟万壑的黄土地增添了生机与活力。从图中我们可以感受到黄土高坡独特的自然风光和深厚的历史文化底蕴。铁路就像是黄土高原上流动的大动脉，将历史的厚重与现代的活力紧密相连。

下图为浩吉铁路黄土路基的秋季景观，连绵起伏的黄土梁宛如大地的脊梁，深邃的沟壑则像是大地的脉络，铁路犹如一条巨龙，穿梭其间，与四周的景色交相辉映，构成了一幅苍茫壮阔的画卷。

浩吉铁路经过千沟万壑的黄土高坡

浩吉之歌　筑梦黄土

图为浩吉铁路卢氏车站，位于河南省卢氏县文峪乡，通过封山育林、退耕还草等生态保护措施，以前光秃秃的黄土高原，现在逐渐披上了绿色外衣。在浩吉铁路建设过程中，克服了复杂地形地貌条件下的路基建造难题，成功修建了高达 105 m 黄土路堑边坡，建设过程中秉持生态环保理念，高度重视路基边坡绿化工程，使铁路路基与大自然和谐融为一体。

浩吉铁路卢氏车站

3.2 中兰高铁

右图为中兰高铁通过黄土地区的壮阔场景。连绵不绝的峰峦延伸至天际，尽显黄土地的浑朴凝重、苍莽壮阔，中兰高铁如利剑一般劈开层层山峦，将这苍茫古老的大地唤醒，给这块土地带来了新的生机与希望。

中兰高铁穿越壮阔苍凉的黄土高原

3.3 银西高铁

银西高铁连接宁夏回族自治区银川市与陕西省西安市，全长 543 km，设计速度 250 km/h，2020 年 12 月开通运营。银西高速铁路是“八纵八横”高速铁路网的重要组成部分，是串联陕甘宁革命老区的首条高速铁路，对促进区域经济社会发展，助力革命老区振兴，推进西部大开发战略实施，具有十分重要的意义。

右图为银西高铁路基经过黄土高原上的古烽火台，作为历史的守望者，古烽火台见证了历史的兴衰与变迁。新时代高速铁路与古烽火台擦肩而过，人类文明不断进步，历史印记依然可寻，恍惚间，带来一种时空交错的感觉。

第 4 章

林区铁路路基

第 4 章　林区铁路路基

4.1 敦白高铁

图中为敦白高铁经过“万山红遍，层林尽染”的长白山森林，呈现出一派秋高气爽的金秋景观。铁路路基边坡细腻的纹理与森林、农田、村庄共同勾勒出一幅宁静致远的绝美画面。

敦白高铁穿越“层林尽染”的长白山脉

4.2 哈牡高铁

哈牡高铁起自黑龙江省哈尔滨市，终至牡丹江市，全长 293.2 km，设计速度 250 km/h。自 2018 年 12 月开通运营以来，显著缩短了哈尔滨至牡丹江间的运行时间，同时串联起了沿线的亚布力、雪乡等景区，进一步促进了当地旅游业的发展。

图为哈牡高铁列车穿越林海和田野。时值金秋季节，路基边坡的植物防护、近处的农田与远处的树林遥相呼应，呈现出浓淡相宜的金色景象，一辆高铁列车从山间飞驰而来，车身黄色条带涂装与金秋的自然风光遥相辉映。

金秋时节高铁穿越林海

4.3 铁伊高铁

铁伊高铁是黑龙江省铁力至伊春的一条高速铁路，全长约 111.4 km，设计速度 250 km/h。

铁伊高铁位于小兴安岭南麓，线路穿越近 50 km 的原始森林、二级水源保护区和日月峡国家级森林公园等景区，是我国第一条穿越多年冻土区的高速铁路，也是国内最北部的高速铁路。

图中路基在小兴安岭林区延伸向前，直至遥远的山丘边缘，引领着旅客的视线穿越这无垠的自然风光。铁路两旁，郁郁葱葱的树木挺拔而立，与穿行其中的铁路共同绘制出一幅和谐共生的生态画卷。

铁伊高铁　绿野穿梭

铁伊高铁　林海长龙

4.4 昌景黄高铁

昌景黄高铁起于江西省南昌市，经景德镇市，终至安徽省黄山市，线路全长 289.8 km，设计速度 350 km/h，于 2023 年 12 月开通运营。昌景黄高铁的开通运营进一步拉近了南昌、景德镇与黄山等地的时空距离，完善了路网结构布局，对促进沿线旅游经济和区域经济协调发展等具有重要意义。

右图路基位于景德镇市浮梁县，铁路路基穿越森林和田野，在蓝天白云下，与河流相伴延伸至远方。在广阔的天地之间，路堑边坡与周围景观融为一体，将大地装点得更加美丽。

下图路基段位于景德镇市浮梁县，剥蚀丘陵地貌。从高处俯瞰，路基边坡的线条流畅而优美，它蜿蜒曲折地向前延伸，穿越郁郁葱葱的树林，最终消失在远处的山脉之中。它承载着人们对美好生活的向往与追求，也预示着一个更加繁荣、更加便捷的未来正在向我们走来。

昌景黄高铁路基穿越林区

昌景黄高铁路基经过林区

第 5 章

草原铁路路基

第 5 章 草原铁路路基

5.1 张呼高铁

张呼高铁东起河北省张家口市，终至内蒙古自治区呼和浩特市，全长 286.8 km，设计速度 250 km/h，于 2019 年 12 月全线开通运营。张呼高铁的全线开通，极大便利了沿线人民群众出行，畅通了呼包鄂地区与京津冀地区的联系，对促进少数民族地区发展和区域经济社会协调发展，具有十分重要的意义。

图中路基延展在一望无际的辉腾锡勒草原上，整齐排列的拱形骨架、郁郁葱葱的边坡植物与青青草原融为一体，共同描绘出生机勃勃的美丽画卷。

钢铁巨龙穿越草原

张呼高铁路基穿越辉腾锡勒草原

5.2 兰新高铁

兰新高铁，东起甘肃省兰州市，经青海省西宁市，终至新疆维吾尔自治区乌鲁木齐市，全长 1786 km，设计速度 250 km/h，是世界上一次性建成通车里程最长的高速铁路，于 2014 年 12 月开通运营。兰新高铁的建成运营大大提升了中国与中亚、欧洲等地的铁路运输能力，有利于完善中国向西开放格局，为构建丝绸之路经济带大通道奠定坚实基础。

图中路基位于青海省门源县境内。在高原草甸上，路基边坡拱形骨架像律动的音符，伴随着疾驰而来的高速动车，一起奔向远方。而附近的牛群依然在清澈的湖边悠闲地吃草，为这幅画面增添了几分生动与和谐。

兰新高铁路基经过门源县境内草原

5.3 浩吉铁路

浩吉铁路是我国“北煤南运”最长的煤炭运输通道，也是世界上一次性建成并开通运营里程最长的重载铁路。

右图是浩吉铁路位于内蒙古自治区鄂尔多斯市浩勒报吉南至乌审召区间的一段，蜿蜒的铁路如同大地的脉络，在草原上徐徐展开，列车呼啸而过，与远处的乌审召工业园区遥相呼应，展现着大国重器的厚重与磅礴。

下图路基位于内蒙古自治区乌审旗，所处区域为毛乌素沙漠地区，经多年持续不断的治沙绿化，现已恢复了植被覆盖。铁路路基边坡植被覆盖率高，与周边环境融合较好，达到了铁路建设绿色生态的目标。

浩吉铁路路基边坡植物防护与草原和谐相融

浩吉铁路路基经过鄂尔多斯草原

格库铁路路基穿越荒漠草原

5.4 格库铁路

格库铁路连接青海省格尔木市和新疆维吾尔族自治区库尔勒市，正线全长 1 213.7 km，设计速度 120 km/h，于 2020 年 12 月开通运营。是中国西北路网骨架的重要组成部分，被美誉为“大漠新丝路”，如同一架“天梯”连接“死亡之海”与青藏高原。

右图中笔直的格库铁路如一把利剑划过草原直插云霄，与附近九曲婉转的河流相伴而行。

上图中苍茫的荒漠草原和稀疏的灌木铺展在这片广袤的土地上，格库铁路穿行其中，为其增添了几分生机与活力。

格库铁路路基与草原河曲相伴而行

第 6 章

高原铁路路基

第 6 章　高原铁路路基

6.1　兰新高铁

右图为兰新高铁门源站路基，车站前广袤的油菜花海如同金色的地毯，铺展在高原之上。车站后是连绵不绝的祁连山脉，绵密的草甸犹如山体细腻的皮肤，使得气势雄浑磅礴的山脉展现出柔和的一面。群山、花海，还有飞驰而过的高速动车，在蓝天白云的映衬之下，形成了一幅壮美的画面。

下图为兰新高铁路基从古老的山脉与浩瀚的花海前经过的场景，苍山如黛，花海如锦，飞驰的列车给神秘高原带来了生机与活力。

驰骋在油菜花海的高速动车

兰新高铁“飞阅”高原花海

图片拍摄于兰新高铁门源站附近，高大耸峙的山脉，在云雾的掩映下，显得气势磅礴。一辆黄色动检车在这片神秘高原上飞驰而过，带着现代科技的气息，打破了高原的沉寂。铁路建设者们克服高海拔条件下冻土、缺氧、生态环境脆弱等挑战，确保了铁路路基的稳定安全，展现了我国高铁路基技术的先进性和丰富的适用场景。

兰新高铁的壮丽航程

6.2 拉林铁路

拉林铁路起自西藏自治区拉萨市，终到林芝市，全长435.48 km，设计速度160 km/h。拉林铁路在为沿线居民出行提供方便的同时，也为货物运输提供了更为便捷高效的通道，极大地丰富了当地百姓的物质生活。

图中列车行驶在高原的春天里，伴随着河流一起奔向远方，路基两侧桃红柳绿，如梦如幻，迎风摇曳的花枝，飞驰而过的列车，形成一幅色彩斑斓的画卷，展现了高原的勃勃生机。

桃红柳绿的高原春天（一）

桃红柳绿的高原春天（二）

和谐号
CRH

第 7 章

寒区铁路路基

第 7 章 寒区铁路路基

7.1 哈佳快速铁路

哈佳快速铁路，是连接黑龙江省哈尔滨市与佳木斯市的双线快速铁路，全长 343 km，设计速度 200 km/h，2018 年 9 月正式开通运营。是《中长期铁路网规划》的重点建设项目，是我国高寒地区最长快速铁路。哈佳快速铁路为中国"八横八纵"高铁路网最北一横骨架，对内连接哈大铁路、京沈铁路，对外辐射俄罗斯远东地区，对加快东北老工业基地全面振兴有着重大意义。

图中展示了一列“绿巨人”复兴号动车组行驶在哈佳铁路路基上。高速动车组在冰雪中飞驰前行，划破了林海雪原的寂静。路基两侧山坡银装素裹，松林苍翠挺拔，形成一幅色彩斑斓的冰雪奇观。

“绿巨人”复兴号穿越林海雪原

图片拍摄于哈佳铁路胜利镇至方正林区段，冬日的松林在蓝天白雪的映衬下显得愈发苍翠。虽然路基边坡覆盖着厚厚的白雪，但通过采用保温、防冻胀等措施，在严寒环境下，列车依然平稳的行驶在路基上，展现了我国铁路路基技术在极寒环境中的适用性。

高速动车组行驶在哈佳铁路路基上

7.2 京张高铁

图中展示了“瑞雪迎春”智能复兴号高速动车组在京张高铁路基上飞驰的场景。工点位于八达岭隧道出口至康庄特大桥之间。京张高铁连接了北京与张家口两座冬奥城市，见证着奥林匹克精神在中国大地上的传播与发展。“望长城内外，山舞银蛇，原驰蜡象。”京张高铁路基采用防冻胀设计，保证了“复兴号”动车组的平稳运行，为感受“北国风光”提供了便利，也为冬奥会的顺利举办提供了交通保障。

“瑞雪迎春”智能动车组飞驰在京张高铁路基上

7.3 鹤岗铁路

鹤岗铁路是连接黑龙江省佳木斯市和鹤岗市的国铁 I 级电气化铁路，全长 71.5 km，设计速度 160 km/h，2022 年 12 月正式开通运营。鹤岗铁路的开通运营，进一步完善了东北地区路网结构，极大便利了沿线人民群众的出行，对于促进沿线资源型城市转型发展，推动新时代东北全面振兴、全方位振兴具有十分重要的意义。

右图为鹤岗铁路路基以填方形式通过地形平坦开阔的三江平原。路基和两侧田野被积雪覆盖，呈现出一片广袤的雪原景象。农田和路基骨架护坡的纹理在白雪下隐约可见，就像在静静的冬眠，等待着春天的到来。冬日的阳光将栅栏与路基边坡染成金黄色，为这白色的冰雪世界增添了一些颜色和优美的线条。

无垠雪原上的鹤岗铁路路基

7.4 哈大高铁

哈大高铁连接黑龙江省哈尔滨市与辽宁省大连市，线路全长 921 km，设计速度 350 km/h。哈大高铁是东北地区的干线铁路之一，是我国高寒地区客流量最大、最繁忙、运行里程最长的高速铁路。哈大高铁是世界首条高寒地区高铁，成功解决了无砟轨道路基防冻胀难题，彰显了中国高铁路基技术的非凡实力。

图为和谐号高速动车组行驶在哈大高铁路基上，高速动车组的速度与力量，穿越了严寒冰封的时空。枯草和野花的茎叶零星的点缀在冰雪之中，为这个白色的世界增添了几分生机，仿佛在等待着春天的到来。蓝白色的天际线、黑白相间的动车组和白雪覆盖的路基，构成了一幅宁静而壮丽的画卷。

银色的和谐号在白雪皑皑的路基上穿行（罗春晓 作品）

7.5 沈白高铁

沈白高速铁路位于我国东北地区辽宁省东部和吉林省东南部，是一条连接辽宁省沈阳市与吉林省延边朝鲜族自治州安图县的高速铁路，是中国国家《中长期铁路网规划》中东北东部快速铁路通道的重要组成部分。

图中路基段落位于辽宁省抚顺市兰山乡，路堑地质主要为混合花岗岩，为严寒地区，线路主要以挖方通过低山丘陵，地形起伏较大。沈白高铁路基蜿蜒在冰雪覆盖的山峦之间。精心设计的骨架护坡被雪花覆盖，形成了一层洁白的银装，将山与路融为一体。坚固的结构如同大地的脊梁，支撑着这条现代化的交通动脉，穿越了幽深的山谷与连绵的森林。

覆盖在皑皑白雪下的路堑

位于严寒地区的沈白高铁路堑

7.6 克塔铁路

克塔铁路连接新疆维吾尔族自治区克拉玛依和塔城，全长 308 km，设计速度 120 km/h，2019 年 5 月正式开通运营。克塔铁路是国家、新疆区域路网的重要组成部分，是北疆环形路网的辐射延伸支线，是巴克图口岸重要的后方运输通道，对贯彻落实“丝绸之路经济带”战略构想，保障新疆经济社会和谐发展和长治久安具有重大意义。

右图为克塔铁路风吹雪路堤试验段，设计通过自动监测、人工监测、无人机航拍等综合手段查清了玛伊塔斯风区风吹雪的特点和分布规律。

下图为首次在铁路工程采用的新型金属网片式防雪栅栏。该种防雪栅栏较钢筋混凝土防雪栅栏、栏板式防雪栅栏等，更轻巧且便于安装，阻雪效果好。

新型金属网片式防雪栅栏

克塔铁路的风吹雪路堤

第 8 章

风沙铁路路基

第 8 章　风沙铁路路基

8.1　和若铁路

和若铁路连接新疆维吾尔自治区若羌县与和田市，全长 825 km，设计速度 120 km/h，于 2022 年 6 月开通运营。和若铁路是西部地区重要区域路网干线，其建成通车，进一步完善了新疆铁路网结构，极大便利沿线各族群众出行和货物运输，带动了沿线资源开发。

右图为和若铁路穿越沙丘景观，铁路在金黄色的沙丘中蜿蜒穿行，草方格中的红柳、梭梭草等植物在生命的禁区中繁茂地生长，为这片荒凉的沙漠带来了勃勃生机。线路上旗帜飘扬，工人们正在紧张有序地施工，在这极端的环境中，展现着铁路建设者们的顽强不息。

下图路基创新性地采用了包芯路基填料方案，采用风积沙代替粗颗粒土填料，通过控制含水率和加铺土工格栅来确保路基的稳定性，全线包芯路基设计长度 204 km，风积沙用量 351 万 m^3，实现了路基填料就地取材、变废为宝。

创新采用土工格栅 + 风积沙填筑的路基

穿越沙海，连接绿洲（草方格 + 植物治沙）

右图为和若铁路路基穿越高大沙梁地段，采取宽平台、缓边坡、砾石覆盖、芦苇方格满坡面固沙的措施治理沙害。铁路的两侧铺展着密密麻麻的固沙网格，仿佛给大地披上了一层金色的铠甲。这些网格结构不仅有效地防止了风沙的侵蚀，还在阳光下展现出一种井然的秩序感，形成一道独特的景观。

下图为和若铁路穿越胡杨林。根据沙漠地区主风向和沿线植被覆盖率，采用外侧高立式阻沙沙障，内侧草方格及种植红柳梭梭草等植物治理风沙，保护了沙漠地区脆弱的生态环境。设置专用畜牧通道及过水泄洪通道（即图中涵洞），保证了野生动物迁移需求。

和若铁路穿越胡杨林（草方格 + 植物固沙）

和若铁路路堑风沙防治（缓边坡 + 芦苇方格）

右图为和若铁路“七带一体”综合防沙体系，从路基坡脚由近至远布置坡脚雾喷固沙带、防火隔离带、芦苇方格与灌木结合固沙带、芦苇方格固沙带、乔灌结合阻沙带、积沙空留带、高立式沙障阻沙带等七条防护带。

下图为和若铁路梯次型防沙体系，以“外阻内固、外高内低”的形式，采取高立式沙障、芦苇方格等措施，形成防沙阻沙固沙梯次型防沙体系。

和若铁路梯次型防沙体系

和若铁路“七带一体”综合防沙体系

8.2 格库铁路

格库铁路连接青海省格尔木市和新疆维吾尔自治区库尔勒市，正线全长 1 213 km，设计速度 120 km/h，于 2020 年 12 月全线开通运营。格库铁路是中国西北路网骨架的重要组成部分，以其独特的风沙景观和极端的气候条件著称，被美誉为“大漠新丝路”。

右图为格库铁路湖盆盐碱区风沙路基，工点位于青海省海西州茫崖市大乌斯一带，路基以填方工程通过。铁路两旁采用冲孔网板钢立柱沙障、高密度聚乙烯塑料网格、芦苇方格防治风沙。它们整齐划一、秩序井然地保卫着这条交通动脉的安全。

下图为 3 m 高冲孔网板钢立柱阻沙沙障，有良好的阻沙效果。

右图 1 为高密度聚乙烯 HDPE 网格固沙措施，通过增加地表粗糙度，改变地表形态，使风流在板片间形成涡流，从而更有效地减少风对沙面的直接冲刷。

右图 2 为装配式芦苇帘方格固沙障，因工点范围内地表为坚硬盐壳，设计采用预制芦苇帘格室固沙障，现场采用竹钎和铁丝拉筋固定，加快了施工进度，节约了人工成本，固沙效果良好，有效地解决了干湖盆盐碱区工程固沙的难题。

冲孔网板钢立柱阻沙沙障

高密度聚乙烯 HDPE 网格固沙措施

装配式芦苇帘方格固沙障

湖盆盐碱区风沙路基防护（冲孔网板钢立柱沙障 +HDPE 网格 + 装配式芦苇帘方格）

建设者们在防沙治沙中运用黏土、砾石等防沙治沙材料构建的网格状沙障，实现了流动、半流动沙丘的有效控制，在铁路线外筑起近 400 km 的防风固沙“长城”，把绝大部分沙子阻隔在铁路线外。

固化沙陇方格防沙措施

石方格沙障固、阻沙措施

穿越“生命禁区”的格库铁路

右图为格库铁路茫崖湖路基段，边坡采用高密度聚乙烯HDPE防沙网格进行固沙处置，防沙网格为上疏下密的特殊结构，透风的同时能有效截留沙粒，阻止沙子流动，实现固沙的效果，为沙地生态修复提供了良好的生长环境。同时，网格本身的柔韧性、透风性和强度使其能够承受较大的风沙冲击和劣化环境，提高了阻沙网的使用寿命。

下图为格库铁路风沙路基试验段，根据不同地段土质，筛选出三种耐盐碱、耐干旱、耐沙埋的梭梭、柽柳、盐穗木等防沙植物，为格库铁路风沙绿色防护提供了水资源、土壤以及植物三位一体的宝贵试验资料。

采用芦苇方格工程固沙结合植物防护模式的格库铁路

采用高密度聚乙烯 HDPE 防沙网格进行固沙处置的茫崖湖路基

8.3 酒额铁路

酒额铁路连接甘肃省酒泉市与内蒙古自治区额济纳旗，线路全长 241 km，设计速度最高 120 km/h。于 2021 年 12 月开通运营。酒额铁路的开通有助于进一步完善区域路网结构，改善沿线群众出行条件，促进区域经济社会发展。同时作为连接酒泉卫星发射中心的重要运输通道，对中国航空航天事业的发展起到了至关重要的支撑作用。

酒额铁路沿线多为半荒漠、荒漠地区，铁路穿越巴丹吉林国家级沙化封禁区，气候干旱多风，植被稀疏，风沙侵袭频繁。酒额铁路的整体风沙路基防护施工工程采用工程防沙与植物防沙相结合的方法，有效提升了碳汇能力，建成了沙漠中的绿色长廊。

下两图为酒额铁路采用塑料网格内种植梭梭防风固沙，梭梭苗在塑料网格的保护下，能够迅速扎根并生长。其深根系不仅能有效固定沙土，防止风沙侵蚀，还能通过根系分泌物改善土壤结构，促进其他植物的生长。随着时间的推移，梭梭逐渐形成了一道绿色屏障，保护着铁路的稳定运行。

酒额铁路使用 PE 网格内植梭梭

风沙路基平面防护工程

酒额铁路穿越巴丹吉林沙漠

8.4 敦格铁路

敦格铁路连接甘肃省敦煌与青海省格尔木，线路全长509 km，设计速度120 km/h，2019年12月正式开通运营。敦格铁路为青藏铁路与兰新铁路两大铁路干线的重要连接线，对完善我国西部铁路网布局，加强青海、甘肃、新疆、西藏四省区的经济往来与交流合作，加快柴达木盆地资源开发，带动西部地区旅游业发展，强力助推民族地区经济社会发展具有重要意义。

右图为敦煌至肃北段路基，飞驰的和谐号动车组与远处望不到尽头的风力发电丛林，给荒凉的戈壁沙漠带来无限生机，充分体现了绿色、低碳的发展理念。

下图为敦格铁路肃北至局界段路基，在风沙的雕琢下，铁路沿线展现出令人叹为观止的风蚀雅丹地貌。深浅不一的沟壑绵延起伏，犹如海浪般层层叠叠，形成了独特的地表纹理，如同大地的皱纹，记录着岁月的流逝和自然的力量。

敦格铁路穿越沙漠风蚀雅丹地貌

穿越风沙荒漠中的“风电丛林”

第 9 章

“一带一路”铁路路基

第 9 章　“一带一路”铁路路基

9.1　雅万高铁

雅万高铁连接印度尼西亚雅加达和万隆，线路全长 142.3 km，最高设计速度 350 km/h，于 2023 年 10 月开通运营。这是“一带一路”倡议的标志性工程，是中国高铁首次全系统、全要素、全产业链在海外落地。雅万高铁极大改善了当地的交通条件，便利了沿线民众的出行，为区域经济社会发展提供了新动能，对深化中印尼两国务实合作、加快建设中印尼命运共同体具有十分重要的意义。

图中展示的是雅万高铁德卡鲁尔车站路基。在柔和的落日余晖里，它静静地坐落在万隆盆地广袤的水稻田中，遥望着远方连绵起伏的火山及万隆市区。现代的交通枢纽与古老的火山遥相呼应，井然有序的农田与错落有致的城市相得益彰，共同绘制出一幅令人心驰神往的画卷。

共建“一带一路”，践行“万隆精神”

右图是位于万隆的德卡鲁尔动车所，这是雅万高铁全线唯一的动车所，也是印尼首个高铁“动车之家”。动车所位于万隆盆地，在这里，火山喷发沉积形成的深厚火山灰质极软土滋养了万亩良田，却也为动车所建设带来了巨大的挑战。为了满足动车段路基沉降及稳定性控制要求，雅万高铁的建设者们首次将真空联合堆载预压方案成功应用于深厚火山灰质湖积软土中，满足了动车段路基的沉降和稳定性控制要求。如今，动车所平稳地坐落在万隆盆地的水稻田中，采用印尼红白国旗涂装的高速列车“Whoosh”往来穿梭，为沿线城市和民众带来加速奔向美好生活的新机遇。

雅万高铁位于热带地区，气候条件、岩土性质、国情和建设模式与中国均有较大不同。作为中国高铁全方位走出去的第一单，雅万高铁建成通车，不仅体现了中国高铁技术的先进性和可靠性，也展现了中印尼两国在基础设施建设领域的深厚友谊和务实合作。

下图展示了雅万高铁沿线的自然环境、地形地貌，包括热带雨林和村庄等，中国高铁在陌生的土地上落地生根，改善了当地交通条件，便利了沿线民众出行，给当地发展带来了新希望，提供了新动能。

穿越水稻田及村镇

穿越热带森林

雅万高铁德卡鲁尔动车所路基－高速动车“Whoosh”之家

雅万高铁在印尼爪哇岛落地生根

9.2 中老铁路

中老铁路北起云南省昆明市，自边境口岸磨憨进入老挝境内，至老挝首都万象，全长 1 035 km，设计速度 160 ～ 200 km/h。这条铁路是“一带一路”重点项目，是推进中国—东盟自由贸易区建设的重要基础设施，也是我国铁路“走出去”完全采用中国标准建设的第一条铁路，更是首条以中方为主投资建设、中老两国共同运营并与中国铁路网直接连通的国际铁路。

图为友谊隧道进口附近路基景观。边坡绿化选用红桑、金叶假连翘、三角梅等色叶灌木密植，形成色彩丰富、层次分明的色带或色块组合，突出了友谊隧道的“门户形象”，也象征中老两国互利共赢、民心相通、文化交融。铁路两侧依托路基挡墙采用了文化装饰设计，形成了一幅巨型的中老友谊画卷，彰显了文化内涵。

友谊隧道进口段路基边坡绿化（一）

友谊隧道进口段路基边坡绿化（二）

在“一带一路”绘制中老友谊画卷

中老铁路的绿化设计始终贯彻“绿水青山就是金山银山”的理念，将中老铁路建成一条连接中老两国的绿色生态长廊，为沿线地区的生态环境保护和经济发展作出了积极贡献。

从图中我们可以看到，路基工程与当地自然环境融为一体，满目青翠有力展示了中国企业在海外工程建设中的环保意识和责任担当，为高质量共建“一带一路”树立了典范。

澜沧号动车组飞驰在万象平原

万象北站路基绿化示范段

中老铁路嘎西段路基

9.3 匈塞铁路

匈塞铁路连接匈牙利共和国首都布达佩斯和塞尔维亚共和国首都贝尔格莱德，线路全长 350 km，设计速度 200 km/h，是中国与中东欧国家共建“一带一路”的旗舰项目，也是中国铁路技术装备与欧盟铁路互联互通技术规范对接的首个项目。

右图为匈塞铁路巴奇卡托布拉至旧帕佐瓦段，从框构内部穿越的是新建匈塞铁路正线，从框构上方通过的是新建贝尔格莱德—希德线右线，交叉角度 26° 40′ 30″，通过采用空间刚架和路基挡土墙相结合的方式，实现了铁路小角度交叉跨越。路基边坡采用植物防护，同周边广阔农田的自然风貌融为一体，将生态环保理念带到了欧洲铁路。图中的铁路线蜿蜒向前，抵达远方的城市。铁轨在阳光的照射下闪烁着金属的光泽，与宁静的田野形成了鲜明的对比，却又在某种程度上和谐相融，共同讲述着人与自然、传统与现代的故事。

“一带一路”在东欧平原上不断延伸（一）

“一带一路”在东欧平原上不断延伸（二）

匈塞铁路穿越肥沃的伏伊伏丁那平原

第二篇

创新篇

概述

进入新时代以来，铁路路基建设工作者坚持自主创新，积极应用北斗、物联网、人工智能、大数据、BIM 等先进技术，积极研究应用智能、绿色、装配式等先进建造技术，积极研发并推广应用路基施工新工艺、新技术、新材料、新设备，不断提升路基建造的数智化水平，树立了世界高铁智能建设新标杆。

在地基处理方面，以新质生产力赋能铁路高质量发展。形成了适用于多种桩型的桩基施工智能监控系统，并在传统工艺的基础上研发了 CFG 桩一体化出土技术、桩头前截法和桩帽旋挖土模法施工技术、钻孔灌注桩桩头真空汲料法截取技术，显著提升了地基处理质量管控能力。推进了铁路路基建设“机械化换人、自动化减人、智能化无人”的进程，大大提升了地基处理的建造水平。

在路基填筑方面，创建了拥有自主知识产权的高速铁路路基智能填筑技术体系。路基智能填筑是基于动力学理论的高铁路基结构设计与智能施工一体化控制技术，包含智能填筑指挥系统、定位与测量系统、机械智能控制系统、质量连续检测系统等四大系统，目前正在向多机械协同、多学科交叉、多功能综合管理方向发展，综合效能不断优化。

在支挡结构方面，研发应用了装配式 U 型结构、新型加筋土挡土墙、椅式桩板墙、箱式路基等新型结构和矩形抗滑桩机械化施工工艺，进一步提升了施工效率和质量，降低了施工安全风险，显著提高了支挡结构建造技术的工厂化、机械化水平。

在边坡防护方面，研发应用了路基边坡智能整形、夯实、开槽成套机械化施工设备；研发应用了路基植物生态护坡建造技术和生态护坡智能管养系统；开展了骨架护坡装配式建造技术实践。通过采用智能、绿色、装配式建造技术，显著提高了边坡汇碳效能，构建了可持续发展的边坡生态系统。

在路基防排水方面，形成了排水沟滑模施工、沥青混凝土封闭层施工、沟槽切割铣挖土模法等先进施工技术，研发了装配式盲沟等新型结构。显著提升了路基防排水施工效率和质量，有效提高了路基防排水建造水平。

在路基变形监测方面，为达到路基变形监测的全方位信息化管理和数据高效利用，构建了路基纵向平顺性及分层监测系统、路基冻胀监测系统、路基边坡安全状态监测系统，实现了监测数据信息化、智能化、可视化管理，为高速铁路的安全运营提供全天候技术支撑。

在新线引入既有高铁车站技术方面，应用了低净空低扰动地基处理技术、泡沫轻质土技术，解决了特定复杂环境下的路基建造难题及运营安全。

新时代以来，中国铁路建设者们勇于实践、大胆创新，克服诸多困难，建成了世界上规模最大的高速铁路体系，铁路路基建造技术有了创新性发展。“四新技术”的大规模研发与应用，有效解决了我国铁路路基建造过程中的各种难题，显著提高了铁路路基的建造水平，有力推动了铁路新质生产力的发展，为率先实现铁路现代化做出了重要贡献。

路基结构三维示意图

第 1 章

地基处理

第 1 章　地基处理

在地基处理方面，新时代以来形成了适用于多种桩型的桩基施工智能监控系统，并在传统工艺的基础上研发了 CFG 桩一体化出土技术、桩头前截法和桩帽旋挖土模法施工技术、钻孔灌注桩桩头真空汲料法截取技术，有效提升了地基处理施工效率和质量，显著提高了地基处理的机械化、自动化、智能化应用水平。

1.1 桩基施工智能监控系统

桩基施工智能监控系统利用北斗定位技术和自动监测系统，实现了钻机姿态动态感知、钻杆自动就位，桩身垂直度、贯入度、钻孔深度、提钻速度、终孔电流值等关键参数的自动采集功能。系统可自动判断终孔电流，对桩长不足、终孔电流不足情况现场进行提示。终端数据可实时上传至管理平台数据库，实现桩基施工质量、进度的远程管理。自动形成施工信息档案，提升了施工记录的实时性和可溯性。该技术实现了 CFG 桩、螺杆桩、静压管桩、锤击管桩、旋喷桩、搅拌桩的信息化、智能化施工，显著提高了桩基的施工效率和质量，目前已成功在京雄、雄商、雄忻、津潍、太焦等项目应用。

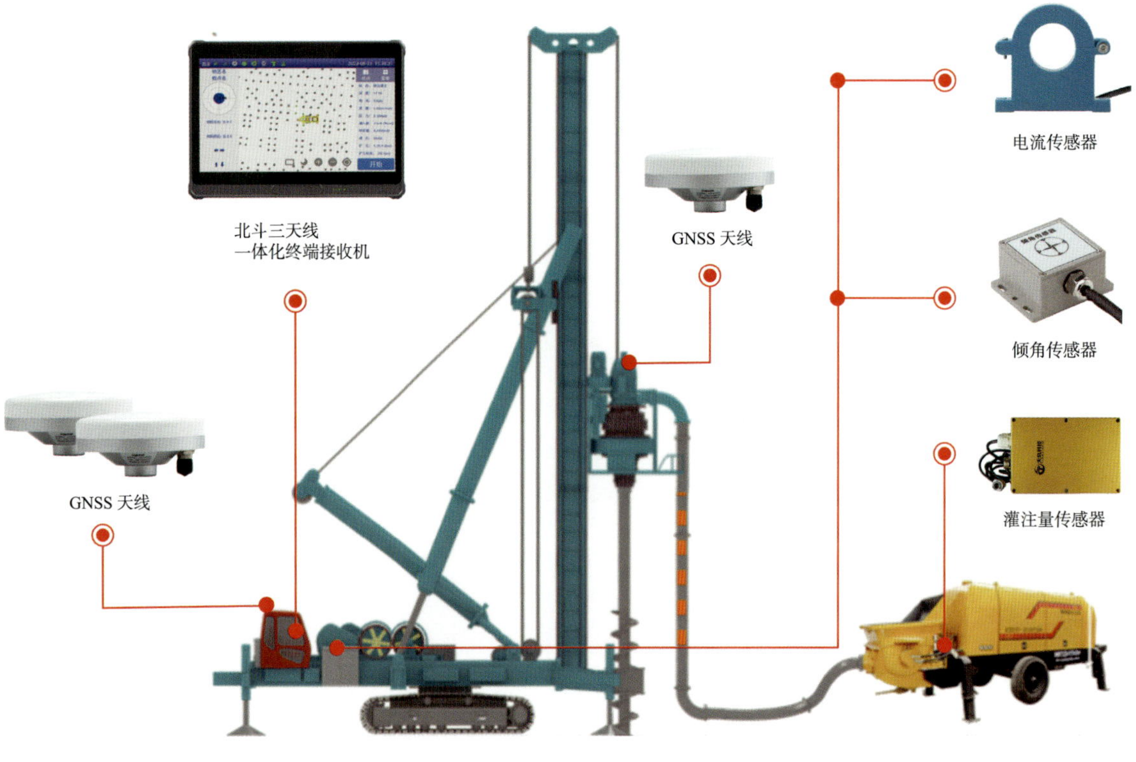

CFG 桩施工智能监控系统

扫描二维码
了解更多相关知识

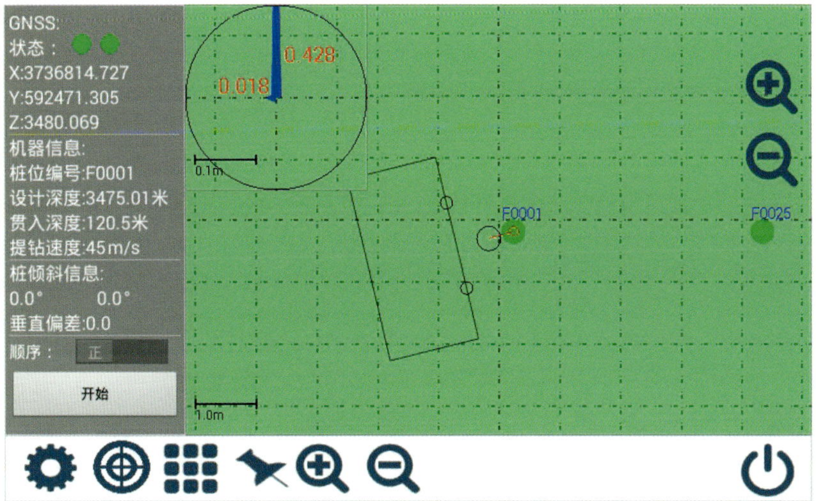

北斗定位引导钻杆自动就位

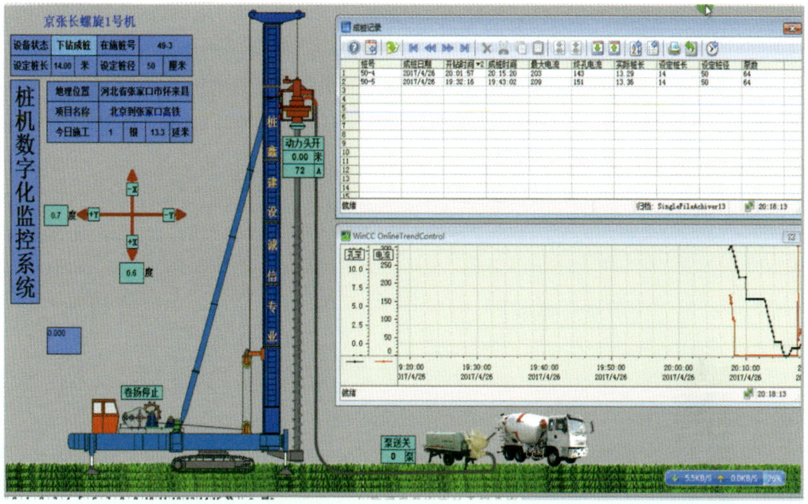

远程监测现场施工工艺参数

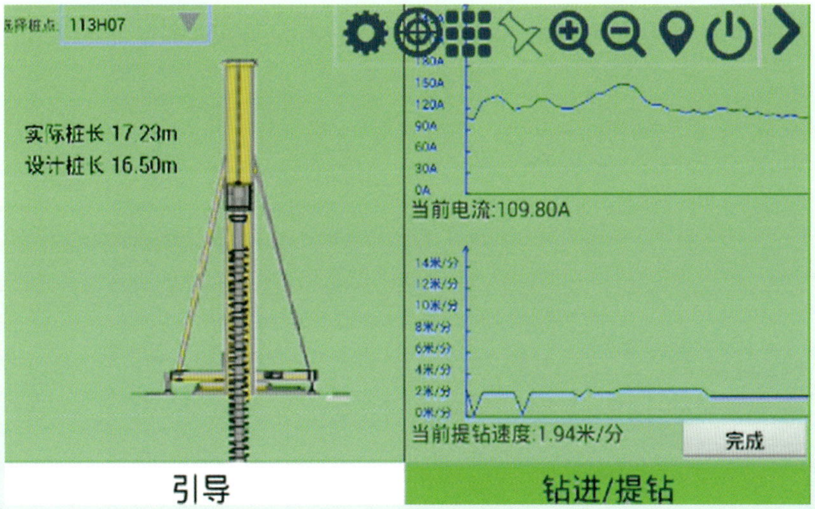

施工过程中的电流监测、提钻速度监测

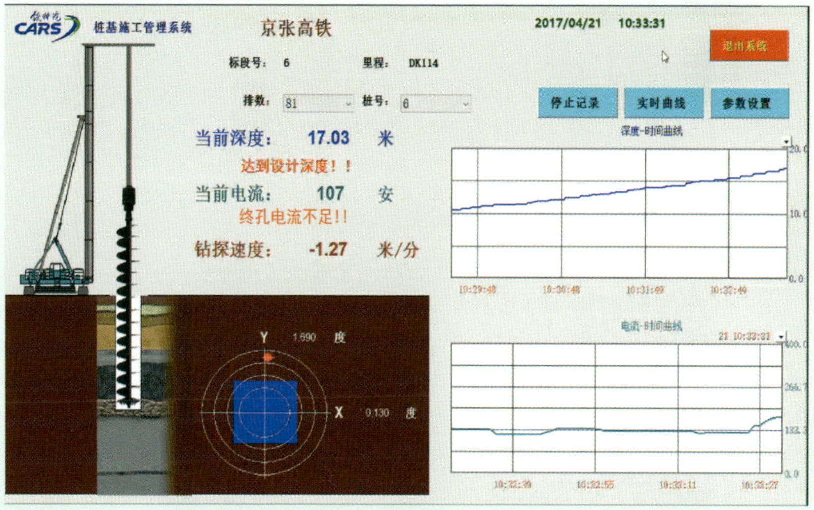

现场操作终端实时监测桩基施工过程

CFG 桩施工智能监控系统现场应用

螺杆桩施工智能监控系统现场应用

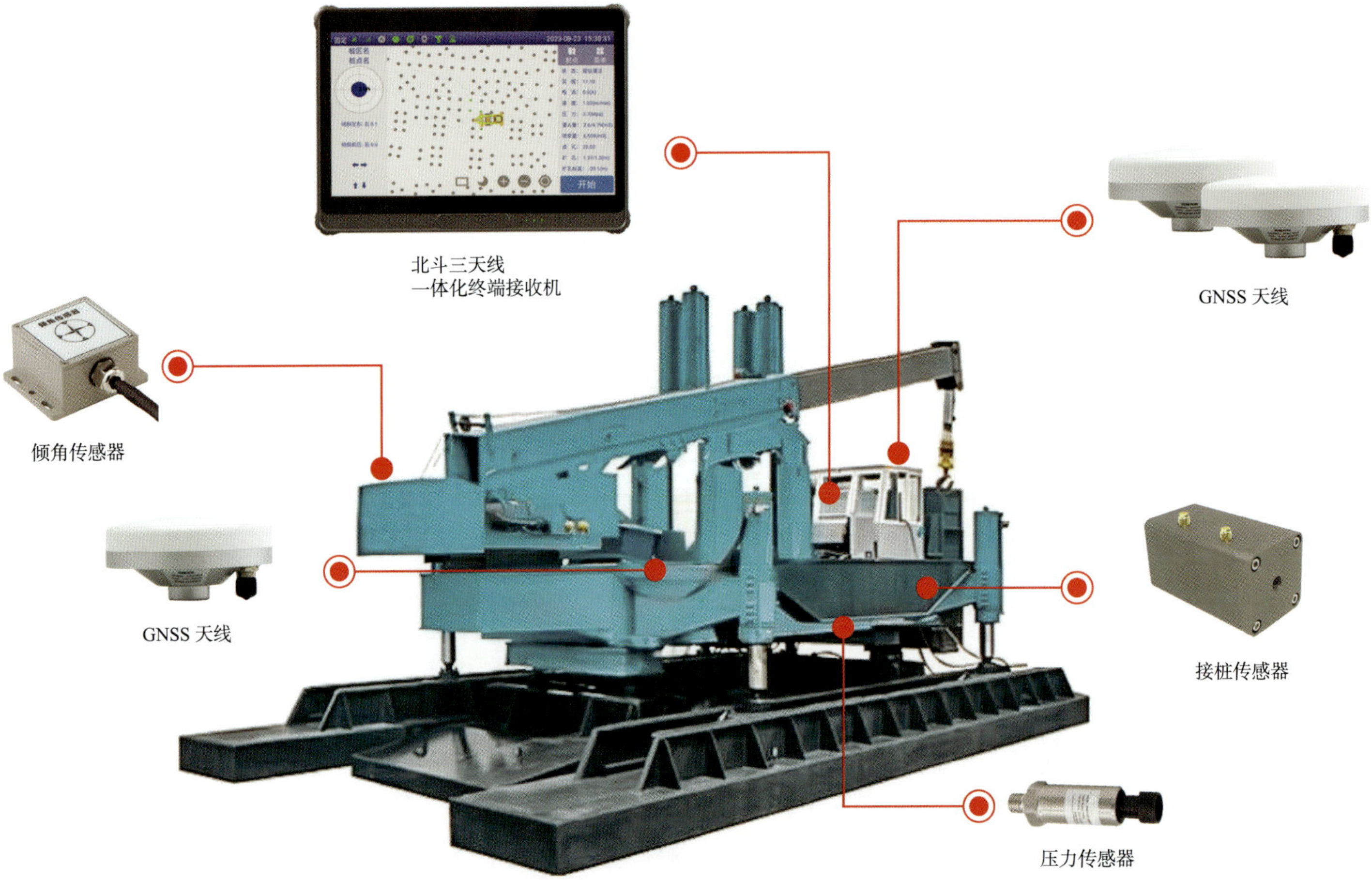

管桩静压智能监控系统

管桩静压施工智能监控系统现场应用

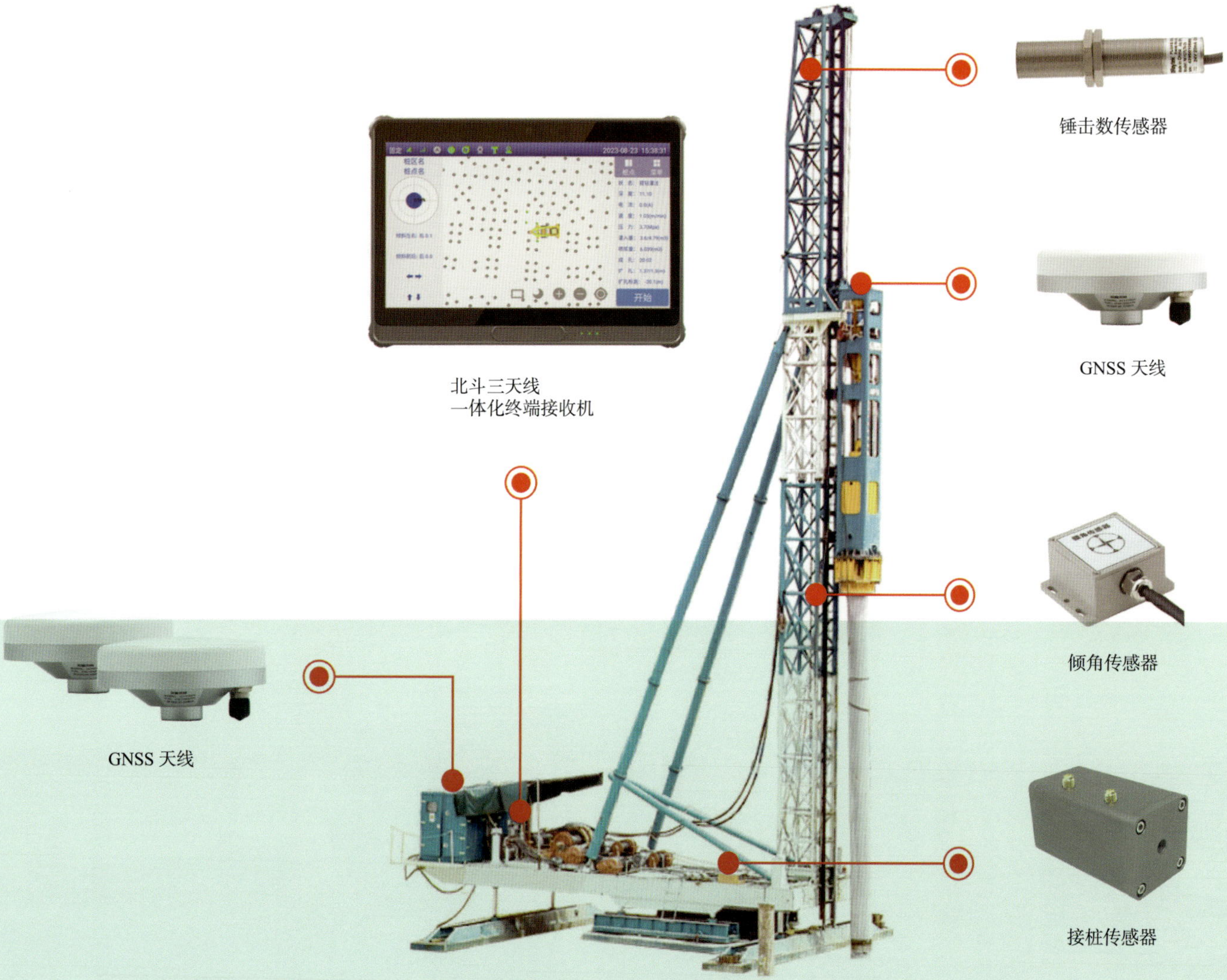

管桩锤击施工智能监控系统

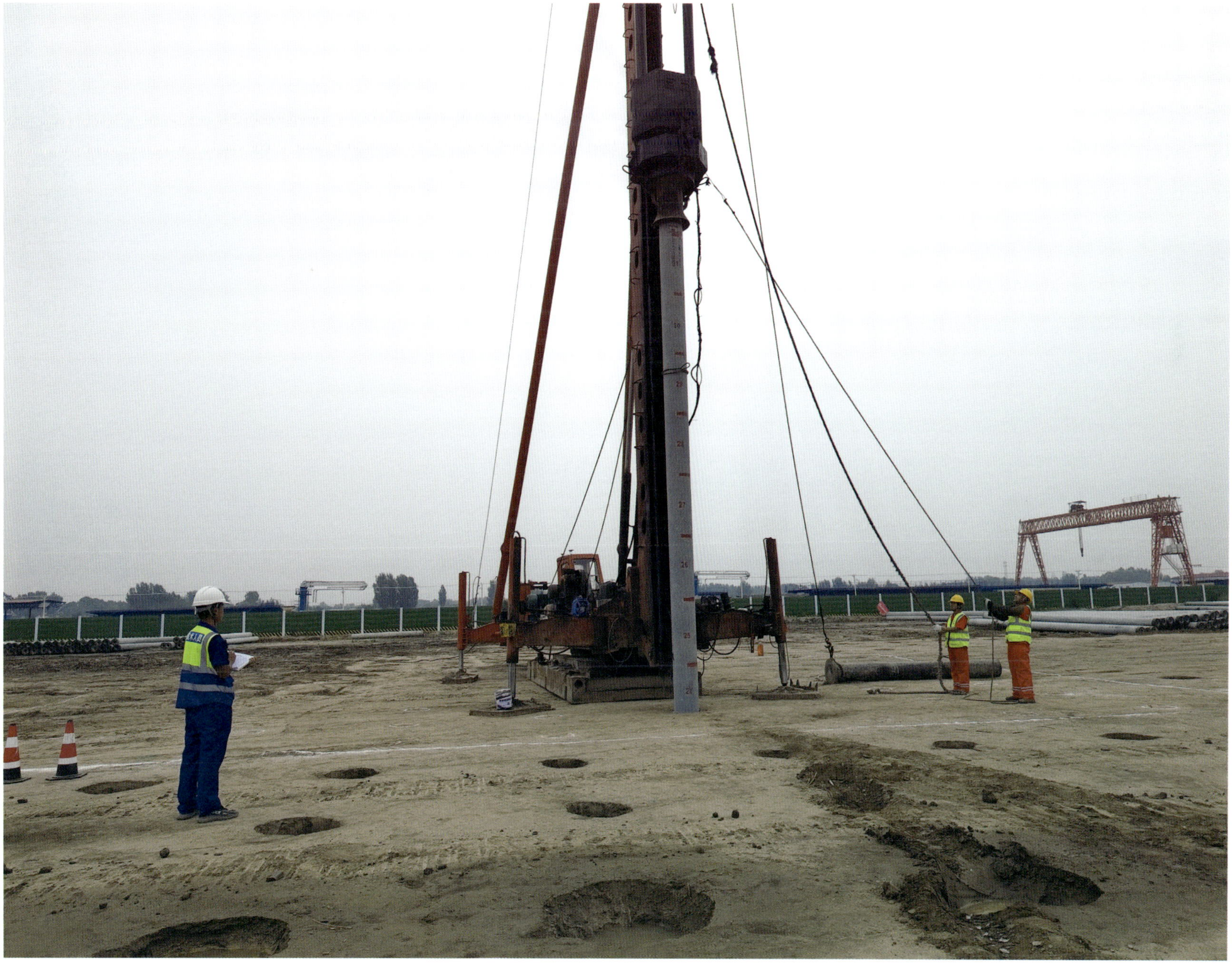

管桩锤击施工智能监控系统现场应用

1.2 CFG 桩一体化出土清运技术

扫描二维码
了解更多相关知识

传统 CFG 桩出土清运主要采用人工清除钻杆渣土 + 机械配合出土方式，作业效率低；机械清运对成品桩易造成破坏，导致出现传统机械出土断桩率高的问题，不利于成品保护。

CFG 桩一体化出土清运技术通过收集、破碎、清理、传送等装置组合联动，实现桩基钻渣“收、碎、出、清、运”一体化。减少了 CFG 桩渣土倒运和人工清理环节，提高出土清运效率，减少成品桩损坏。克服了 CFG、螺杆桩出土环节桩头损坏质量通病。

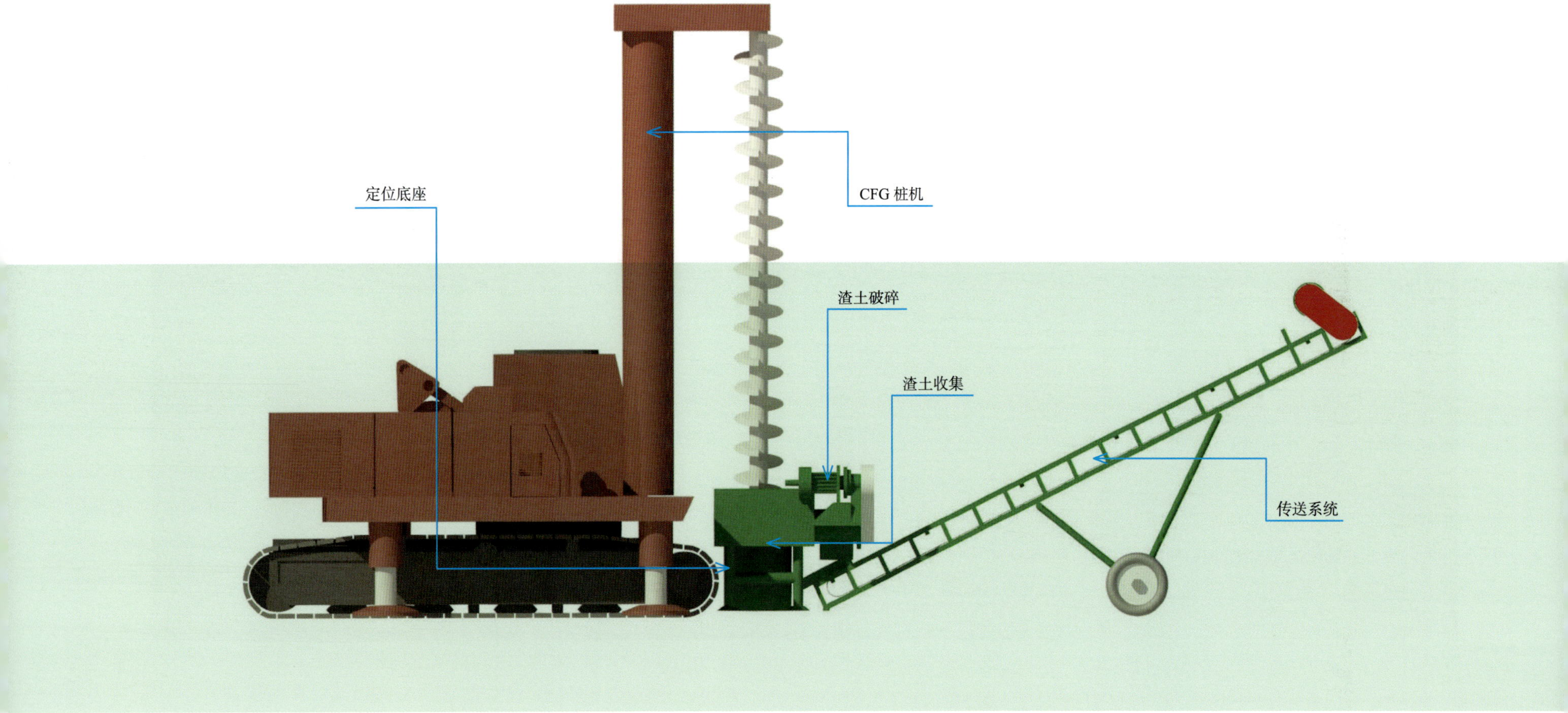

CFG 桩一体化出土清运技术成套设备

CFG 桩一体化出土清运技术现场应用

扫描二维码
了解更多相关知识

1.3 桩头前截法及桩帽土模法施工

桩头前截法是在桩身灌注时精准控制桩顶高程，灌注至桩顶控制高程后振捣密实，随后清除桩头超灌混凝土，在混凝土初凝前进行修整，清除桩头浮渣，简化了截除桩头施工工序，可显著提升桩头混凝土质量。

桩帽土模法采用特制土模成型器旋挖成孔，安装轻量化钢圈模板，浇筑后进行收光抹面，覆膜养护，实现了圆形、圆台形土模一次性快速开挖成型。桩帽土模法施工省去了桩帽间回填夯实环节，显著提高了施工效率，减少桩间土扰动，使桩土共同受力。

控制桩顶高程后进行振捣

桩头混凝土振捣密实

桩头修整及养护

桩帽旋挖机械就位

桩帽土模旋挖成型

桩帽施工成型

桩帽开挖展示

1.4 钻孔灌注桩桩头截取

真空汲料法截桩工艺原理是在桩基灌注后，利用真空泵形成负压，将桩顶超灌物料进行清除，吸入储料罐，清除至桩顶设计高程；随后进行桩顶混凝土振捣、安装钢筋保护套等操作，回收的物料通过砂石分离机处理，实现二次利用、绿色环保施工。

雄商高铁真空泵抽取超灌物料

雄商高铁截桩效果展示

雄商高铁真空汲料法截桩

第 2 章

路基智能填筑

第 2 章　路基智能填筑

扫描二维码
了解更多相关知识

路基智能填筑通过对新一代信息科学的综合应用，研发压实质量连续检测、无人压路机智能施工、推平挖机械智能引导等系统，创新路基摊铺、平整、碾压等施工过程控制技术，实现路基填筑的信息全面感知、过程质量控制与科学决策管理，高效利用人机料资源，提高路基工程建设水平。

主要技术特点：（1）填筑效率高。实现填料运输、摊铺平整、分层碾压、质量检测等任务的合理调度与高效衔接，工效整体提高 15%。（2）作业精度高。推平压机械采用自动引导控制，实现路基填筑空间作业厘米级控制。（3）检测效率高。通过采集振动响应信号实现压实质量连续检测，全面保障碾压质量，缩短检测用时 50%。（4）质量可追溯。全过程检测、数字化记录，实现跟踪追溯与反馈调节。（5）人工作业少。大幅减少指挥、测量、驾驶、检测等技术人员工作量。

路基智能填筑技术已成功应用于京雄高铁固安东站、和若铁路且末站、京滨城际铁路北辰站、雄商高铁肃宁东站、包银高铁区间路基、成渝中线简州站等工点，累计填筑超过 600 万 m^3。

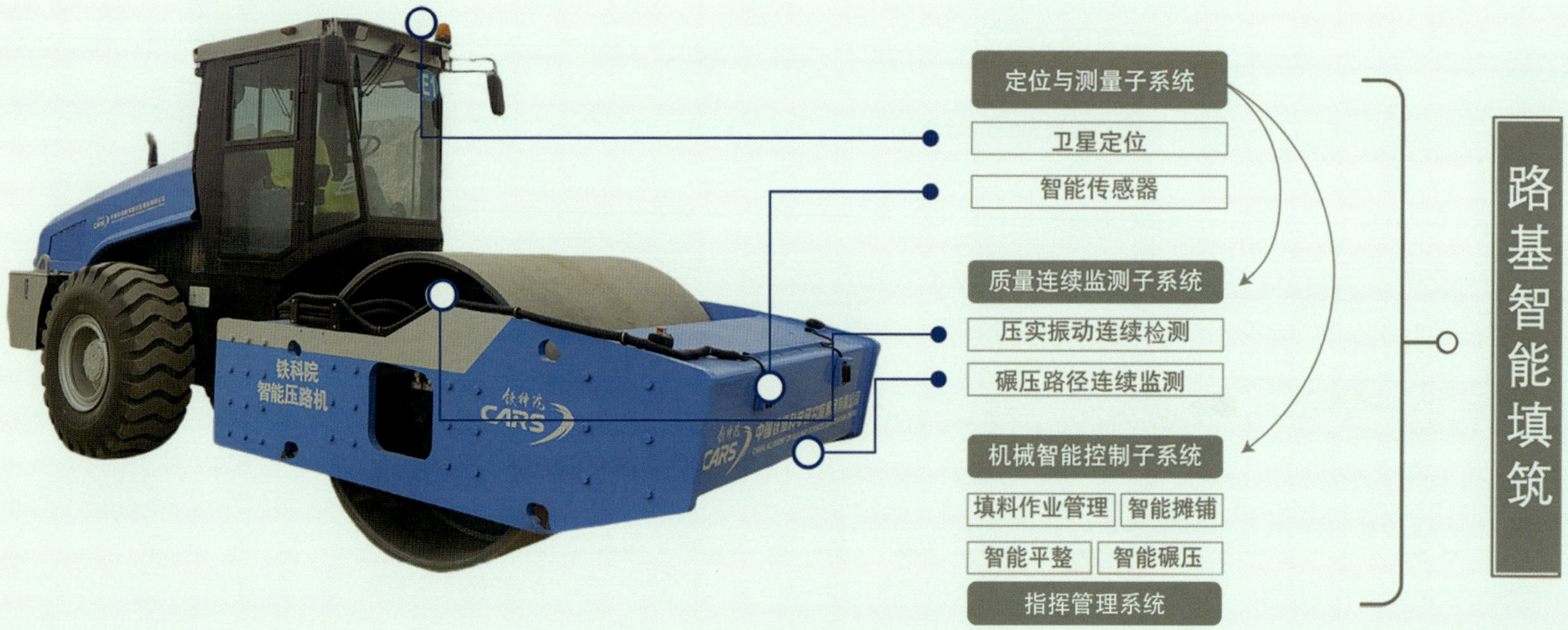

路基智能填筑系统

路基填筑智能指挥系统集成了施组计划、工程调度、数字化指挥以及质量管理等功能，通过与 BIM 模型和整体施组要求相结合，实现自动规划工作单元、施工进度数据实时获取以及高效调度机械设备作业，提升路基填筑施工效率。

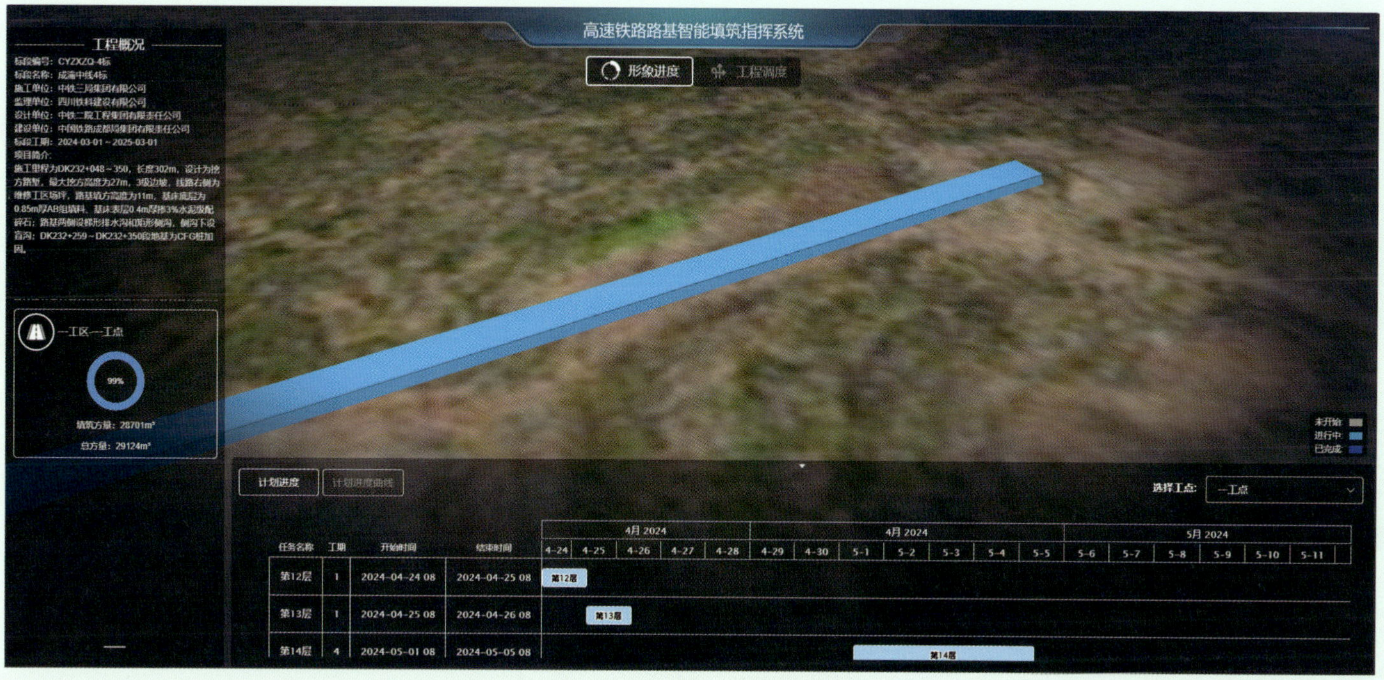

路基智能填筑施工进度管理

推平压机械管理与调度

2.1 自动布料

自动布料功能包含填料运输管理与智能布料两部分。

填料运输管理通过手机 App 实时定位填料运输车辆，集成分析填料方量、运输路线、车辆速度等信息，实现填料运输全过程监控与动态管理。

智能布料可动态生成虚拟布料网格并形成路线导航地图，指引车辆定点卸料，实现填料自动布设，减少了现场测量放样工作，提高摊铺效率及平整度控制。

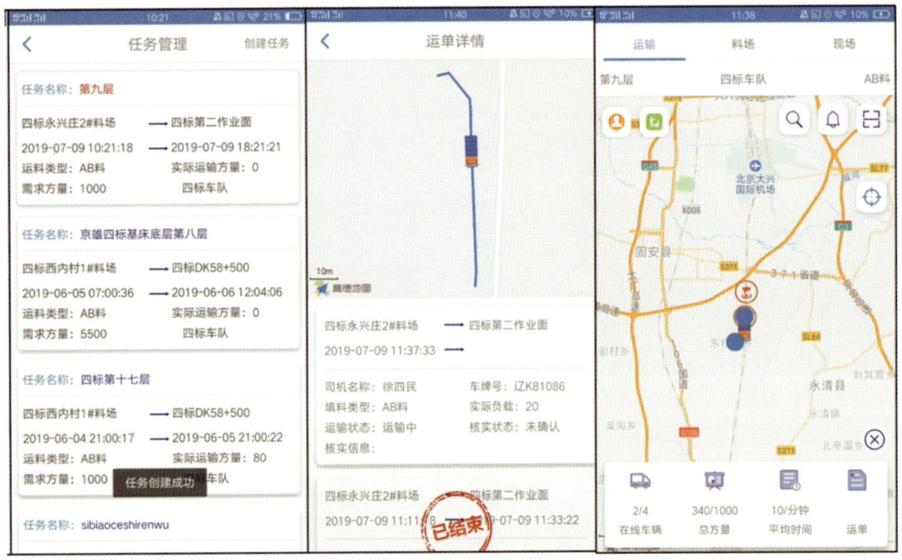

填料追踪及路线导航

填料运输作业

自动生成网格

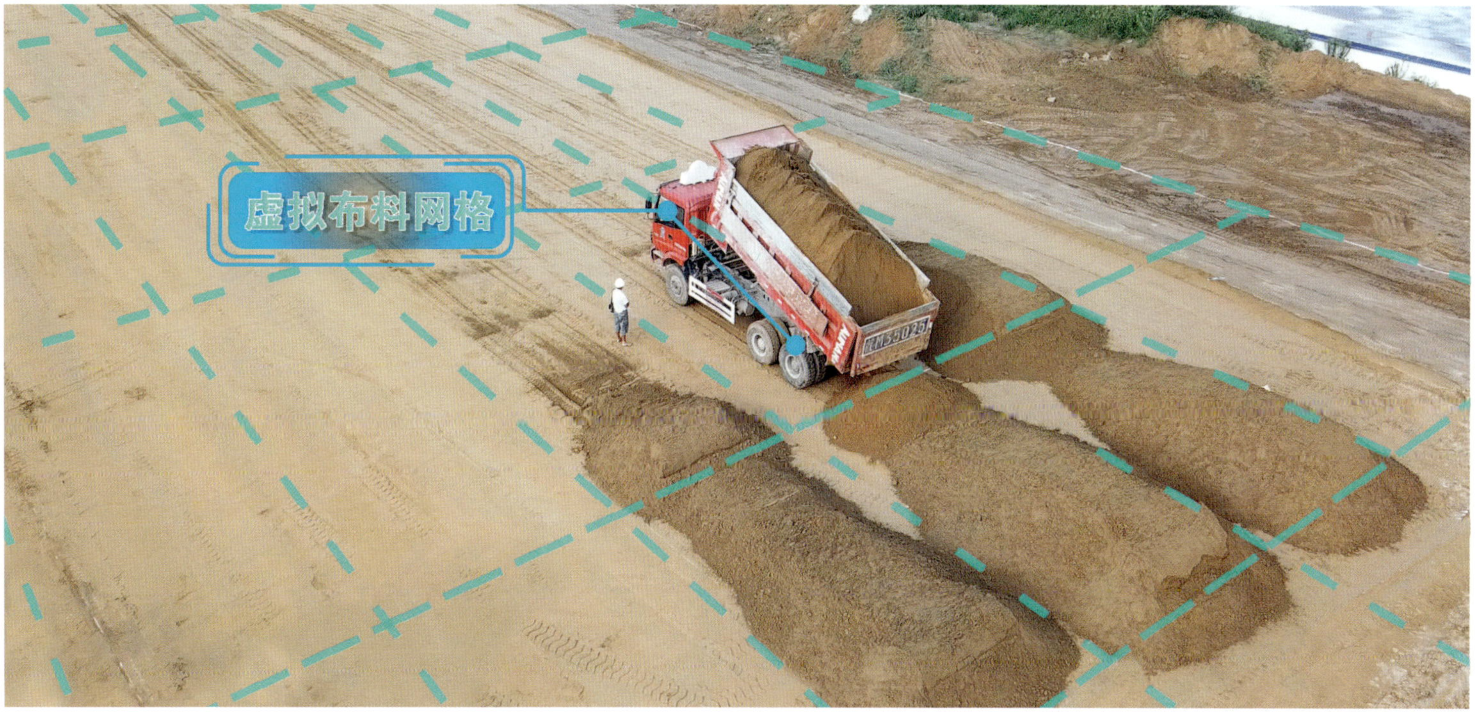

车辆定点卸料自动指引

2.2 智能摊铺平整

智能摊铺平整：通过在推土机、平地机铲刀上安装定位接收机和角度传感器，获取方向、高程、铲刀高程等信息，自动获取当前位置的超欠挖量，实时调整当前刮刀的角度和高程，引导路基摊铺整平精细化作业。推土机摊铺高程误差 ±5 cm，平地机平整高程误差 ±3 cm。

智能推土机传感器布设

智能推土机摊铺施工

智能平地机精平引导作业

智能平地机精平施工

2.3 智能压实及连续检测

智能压实：目前无人压路机已迭代到第三代。采用北斗定位、自动驾驶、数字转向等技术对压路机进行全方位智能化升级，通过电子围栏、主动避障、协同调度、远程急停等多种设计，保障无人驾驶的安全性；根据施工范围自动规划碾压路径，结合压实质量连续检测数据自动补压，可长时间连续压实作业，提高施工效率。

压实质量连续检测：通过传感器监测压路机振动轮振动响应，通过碾压过程中路基填料由松散至密实振动信号的变化，判断路基的密实程度，评估路基压实质量。压实质量连续检测可实现路基碾压质量“随压随检”实时检测，准确判断各区域压实程度，定位压实薄弱区域，精确引导补压，有效避免路基过压、欠压。

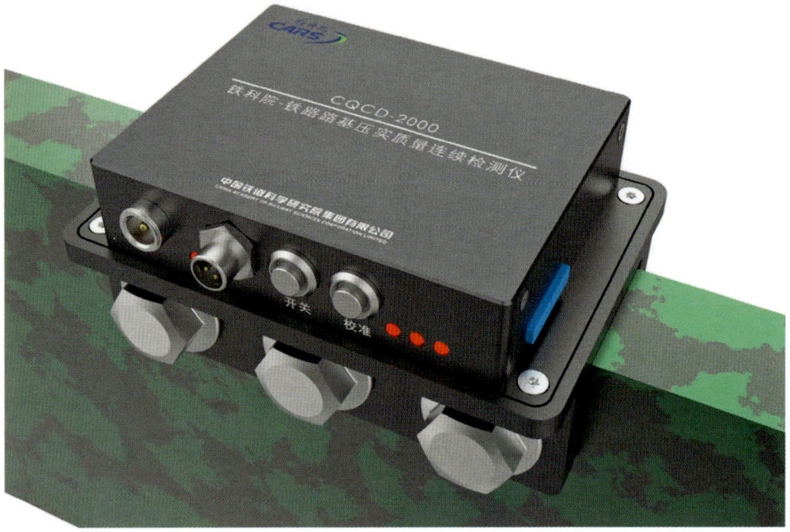

压实质量连续检测传感器

第三代无人压路机

无人压路机作业与压实质量连续检测监控

智能无人压路机连续压实作业

第 3 章

支挡结构

第 3 章　支挡结构

在支挡结构方面，研发应用了装配式 U 型结构、新形加筋土挡土墙、椅式桩板墙、箱式路基等新型结构和矩形抗滑桩机械化施工工艺，进一步提升了施工效率和质量，降低了施工安全风险，显著提高了支挡结构建造技术的工厂化、机械化水平。

3.1 装配式 U 型结构

随着环保理念的不断深化，装配式建造技术正在成为现代建筑行业的新趋势。装配式建造以其高效、环保、节能等优点，日益受到铁路行业的重视。装配式 U 型结构组合结构依托京津冀铁路项目，首次将装配式建造技术应用于铁路 U 型结构建造中，是装配建造技术在铁路路隧过渡段的首次应用。研发了装配式 U 型结构及附属结构一体化建造方案，创新了“永临结合”结构受力体系；建立了 U 型结构精细化协同设计方法；协同设计预制雨棚，开创了装配式 U 型结构一体化建造新模式；创新采用挤压防水技术，根治了渗漏水质量通病。相比传统现浇施工方式，人工投入减少 21%，施工周期缩短了 28%。解决了低温环境施工困难，雾霾环境施工受限的技术问题，同时减少高支模等高风险源，减少了对环境的影响。

装配式 U 型结构效果图

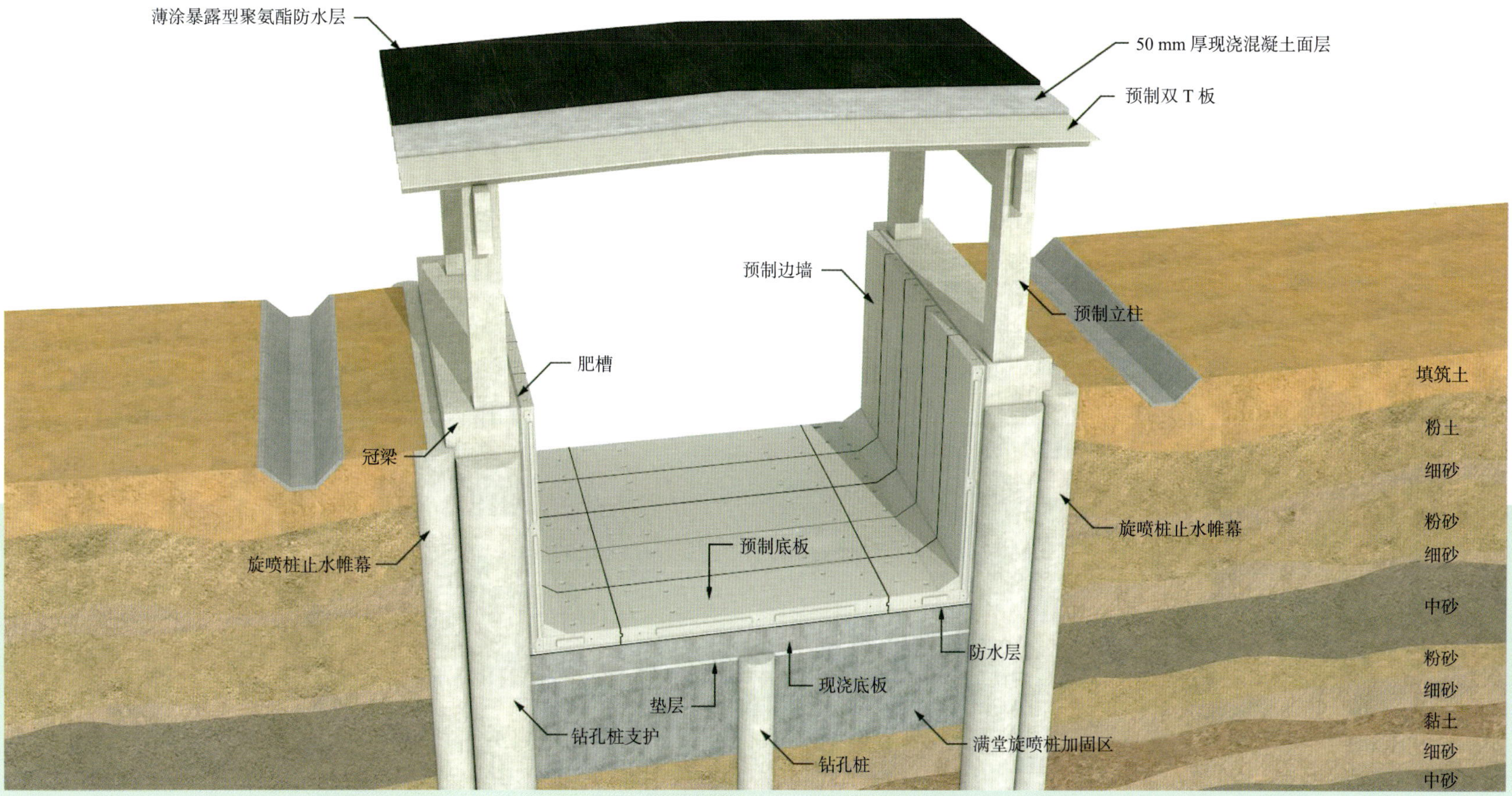

装配式 U 型结构断面示意图

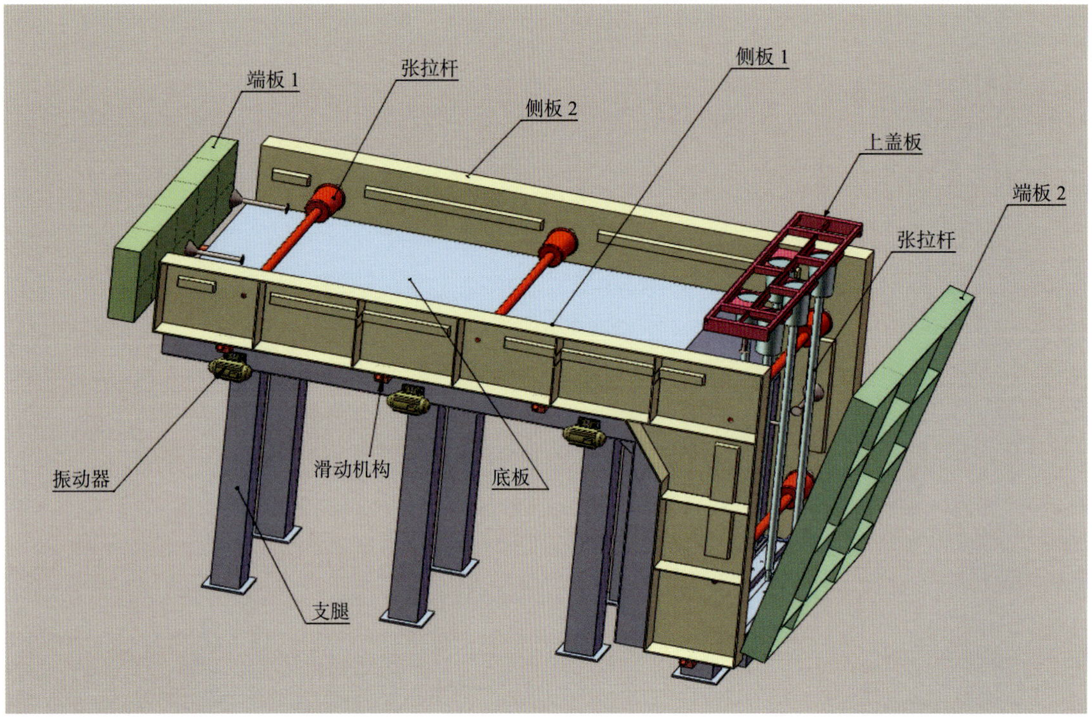

①钢筋、预埋件等碰撞检测

②钢筋绑扎

③高精度钢模板

④混凝土浇筑

⑤构件脱模成型

⑥U 型结构现场安装

⑦雨棚柱纵梁安装

⑧雨棚顶双 T 板安装

装配式 U 型结构实景

U 型结构、雨棚一体化装配实景

3.2 新型加筋土挡土墙

加筋土挡土墙由路基填土、拉筋、墙面板及基础等部分组成，其挡土原理是依靠填料与拉筋之间的摩擦力，来平衡墙面板所承受的水平土压力，并以基础、墙面板、拉筋和填料等形成的复合结构来抵抗拉筋尾部填土所产生的土压力，从而保证挡土墙的稳定。该技术具有抗震性能优越，圬工使用量少，机械化施工效率高，外形美观、经济性好等优点。根据面板型式的不同分为三类，分别为复合式面板加筋土挡土墙、整体式面板加筋土挡土墙、砌块式面板加筋土挡土墙。

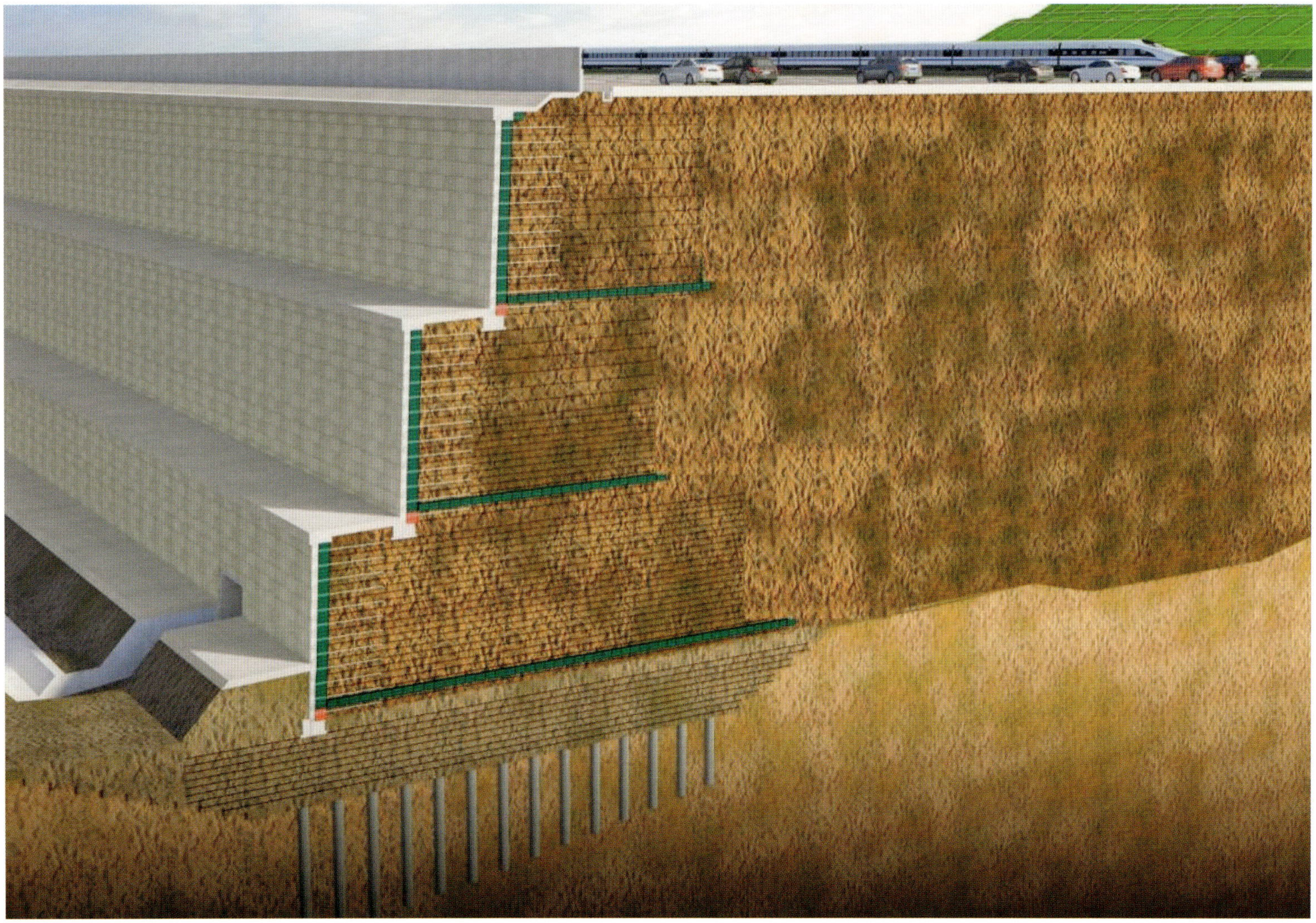

沪渝蓉高铁宜昌北动车所新型加筋土挡土墙 BIM 模型

沪渝蓉高铁宜昌北动车所新型加筋土挡土墙

扫描二维码
了解更多相关知识

复合面板由预制板和现浇钢筋混凝土构成，总厚度 35 cm，其中预制板厚 15 cm，现浇钢筋混凝土厚 20 cm。预制板位于现浇混凝土外侧，预制板既作为面板的组成部分，又兼作现浇钢筋混凝土的模板。

沪渝蓉高铁复合式面板包裹式加筋土挡墙 BIM 模型

沪渝蓉高铁复合式面板包裹式加筋土挡墙（面板尚未施工）

整体式面板采用立模现浇 C35 钢筋混凝土，厚度为 0.3 m，面板中设 2 层钢筋网。在加筋体填筑过程中预埋镀锌钢筋，埋入加筋体中的锚固长度为 3.0 m，钢筋水平向间距 0.6 m，竖向间距 0.6 m，与整体面板的钢筋网焊接成一体，再立模浇筑混凝土面板。

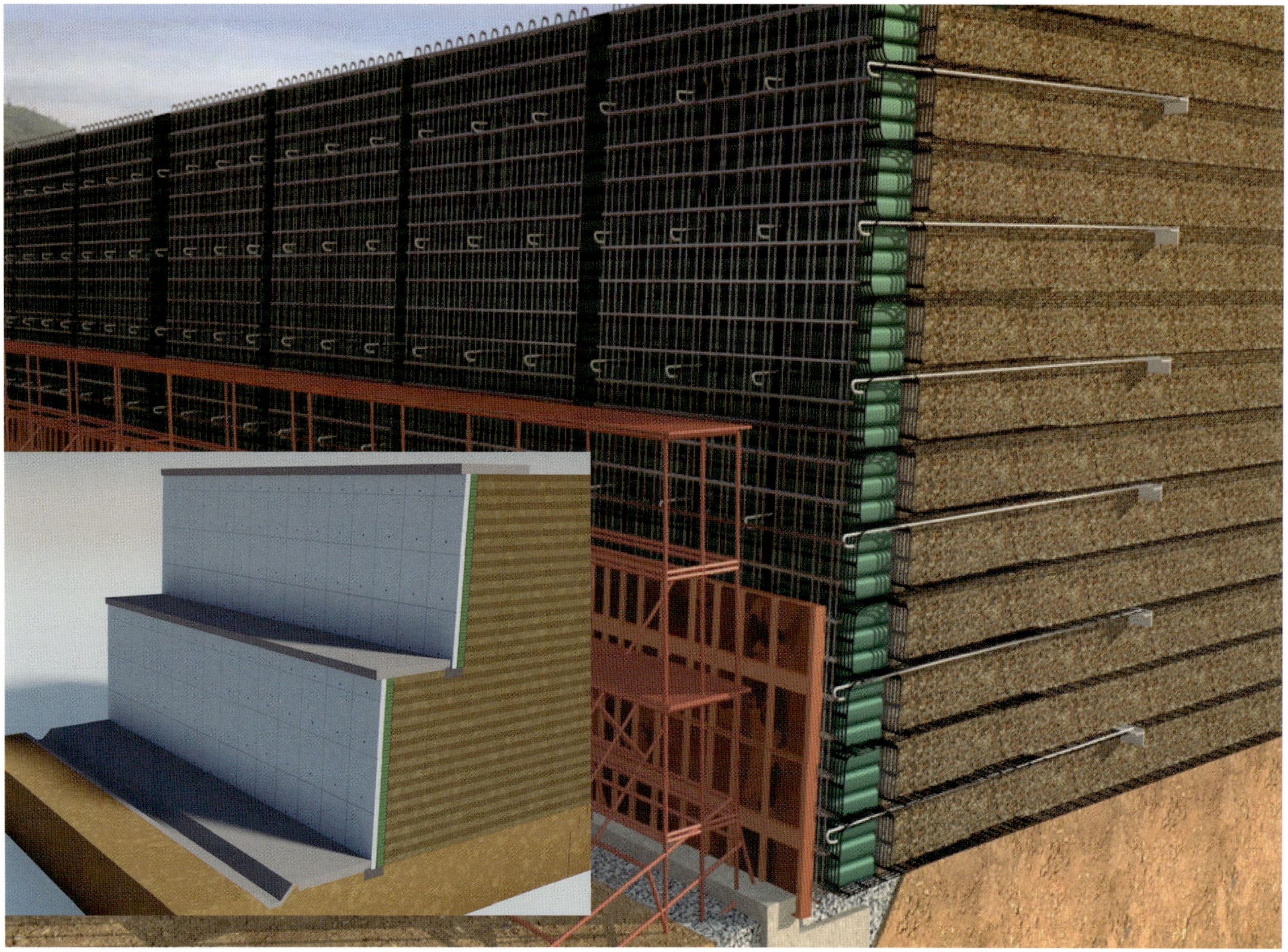

沪渝蓉高铁整体式面板包裹式加筋土挡墙 BIM 模型

扫描二维码
了解更多相关知识

沪渝蓉高铁整体式面板包裹式加筋土挡墙（面板尚未浇筑）

扫描二维码
了解更多相关知识

砌块式面板采用 C35 混凝土预制，砌块面板预留竖向插销孔，上下表面分别设有凹槽和凸榫，砌块内侧端部预埋 ϕ 20 HPB300 环形镀锌钢筋，砌块水平向预留 3 cm 圆孔，用于人工临时搬运。

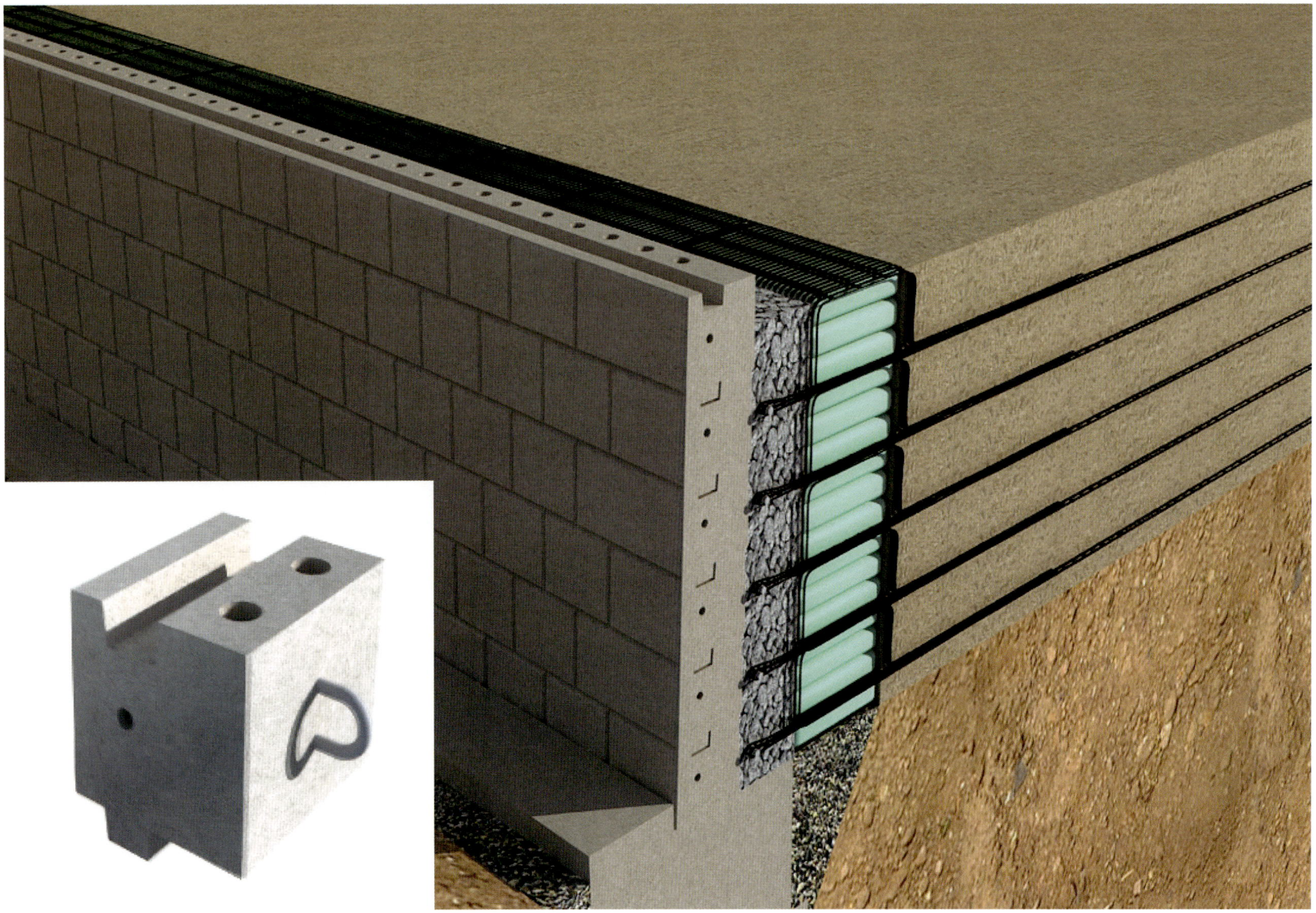

沪渝蓉高铁砌块式面板包裹式加筋土挡墙 BIM 模型

沪渝蓉高铁砌块式面板包裹式加筋土挡墙实景

3.3 椅式桩板墙

椅式桩板墙作为铁路路基新型支挡结构形式的代表，可有效提高路基高陡边坡的稳定性。椅式桩板墙由钢筋混凝土主桩、副桩、横梁、承载板和挡土板组成，其综合了悬臂式桩板墙与双排抗滑桩的技术特点，兼有承重、阻滑和支挡三重功能。主要适用于高悬臂、陡坡及不稳定斜坡土（岩）质的路堤地段。

椅式桩板结构模型

兰渝铁路陡坡路基椅式桩板结构

3.4 箱式路基

为解决平原区修建高铁填料缺乏、以桥代路综合造价高、岩溶区桩板结构投资大等问题，针对性提出了一种新型钢筋混凝土箱式路基结构，使之能少占耕地、减少填料用量及地基处理工程量，从而降低每公里造价，具有更好的经济性。

目前已经通过理论分析、数值模拟、室内模型试验和现场试验等方法，对箱式路基的结构形式、受力及荷载传递机理、沉降控制及地基处理方案、过渡段及接口形式和绿色通道设计进行了研究，取得了系列研究成果。

箱式路基在两侧翼板设置挡砟墙、电缆槽竖墙、人行道栏杆、排水设施并根据需要预埋接触网基础，在箱体内预埋接地端子，实现与站后工程的接口，箱式路基与常规路基衔接处可设置榫体顺接。箱式路基已在衢丽铁路实施现场试验。

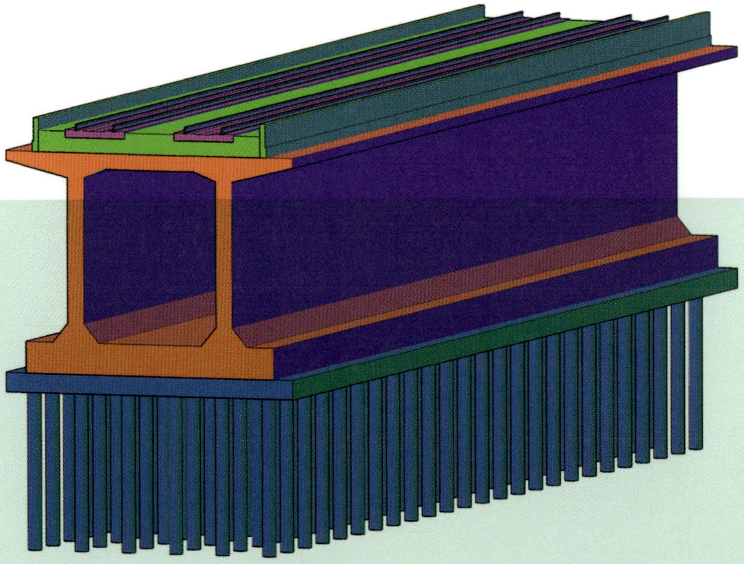

箱式路基模型

箱式路基内部

箱式路基实体结构

3.5 矩形抗滑桩机械开挖

传统抗滑桩采用人工挖孔工艺施工，但传统人工挖孔工艺存在安全风险较高，作业环境恶劣，施工效率低等问题，研究并应用了矩形抗滑桩机械成孔工艺，矩形抗滑桩采用圆筒状钻头铣挖成孔。成桩工效提高20倍，可有效降低施工风险，具有良好的发展前景。

铣挖成孔钻头

矩形抗滑桩成孔

矩形抗滑桩铣挖钻

桩板墙实景展示

第 4 章

边坡防护

扫描二维码
了解更多相关知识

第 4 章　边坡防护

在边坡防护方面，新时代以来研发应用了路基边坡智能整形、夯实、开槽成套机械化施工设备；研发应用了路基植物生态护坡建造技术和智能管养系统；开展了骨架护坡装配式建造技术实践。通过采用智能、绿色、装配式建造技术，显著提高了边坡防护的施工质量和效率，构建了可持续发展的边坡生态系统。

4.1 路基边坡智能整形

边坡智能整形设备将高精度北斗定位模块、倾斜传感器及智能化控制软件集成至智能挖掘机，将路基边坡设计参数导入车载控制系统，建立三维模型，实时获取作业面与设计面的差值及设计坡度，智能引导挖掘机对挖斗姿态进行调整，提高整修效率和精度，实现边坡智能整形。

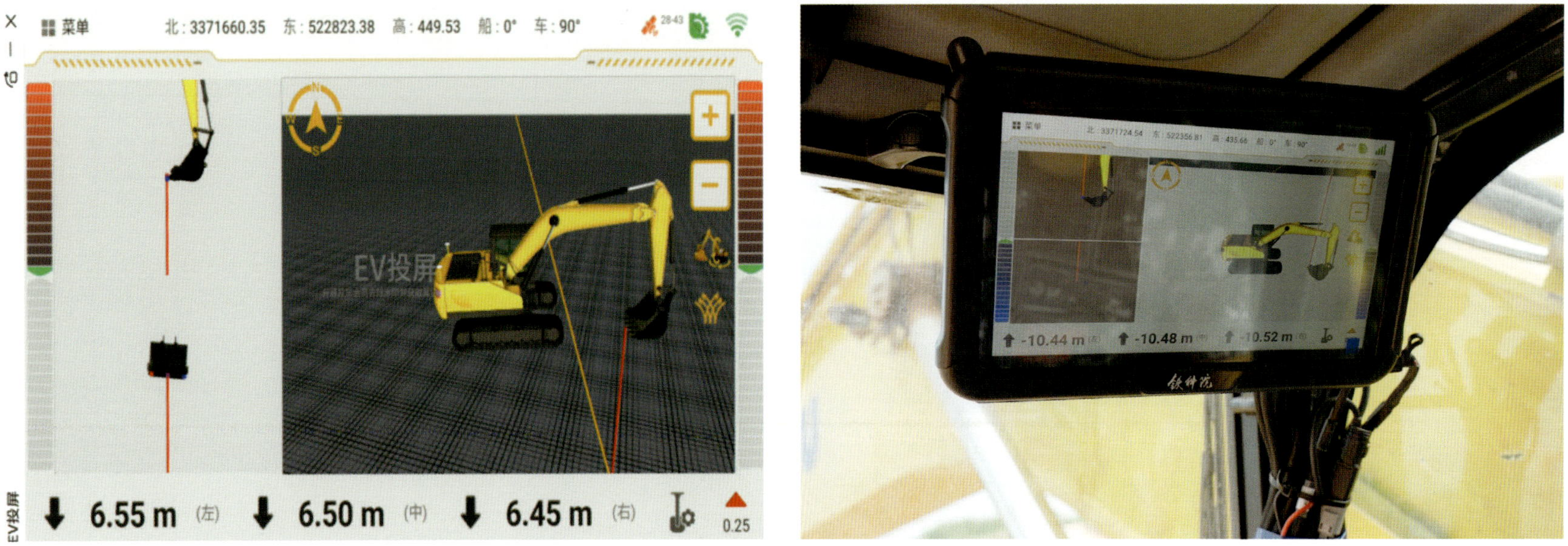

数字化高精度指引

北斗定位、倾斜传感器、车载系统集成作业

4.2 路基边坡机械化夯实

路基边坡机械化夯实：将滚轮（平板）安装于挖机前臂，组成滚轮式（平板式）边坡碾压机。待边坡刷完后，采用边坡碾压机垂直于边坡纵向移动作业，实现静压 + 振动功能，同时平板夯可用于护坡槽底夯实，显著提高边坡压实质量。

双模(静压 + 振动)滚轮

护坡平板夯实

机械化滚轮静压 + 振动夯实边坡

4.3 路基边坡智能开槽

路基骨架智能开槽技术经历了多次迭代升级，采用北斗定位技术，3D 智能引导铣挖齿头，对骨架开槽自动定位，机械化精准铣挖开槽，平板夯槽底夯实。骨架采用土模法浇筑，提高骨架护坡与坡面的结合性，提高坡面稳定性和抗冲刷能力。

路基骨架智能开槽

沪苏湖高铁智能开槽设备

京张高铁骨架土模法施工

4.4 绿色生态护坡

路堤绿色生态护坡建造技术主要是将科学配比的营养基材、植物种子和水通过先进喷播设备搅拌并喷射至坡面，经过科学管养，建立保水保肥的自然生态护坡系统。针对不同边坡类型及景观要求，采用生态基材喷播技术，实现了路基边坡绿化机械化施工，显著减少了路堤边坡防护圬工量，取得了良好的生态绿化效果，为实现节能减排，落实“碳达峰、碳中和”双碳目标提供技术支撑。路堤植物生态护坡建造技术在浩吉铁路、京张高铁、京雄城际铁路、太焦高铁、浦梅铁路、潍烟高铁等线路广泛应用。

路堤边坡挂设镀锌铁丝网

路堤边坡喷播生态基材

浩吉铁路路堤绿色生态护坡

路堑绿色生态护坡建造技术针对铁路运营安全要求高、植物护坡人工养护不便、硬质岩边坡植物生长困难等特点，综合采用新的土工合成材料、土壤改良技术、抗侵蚀产品、植被建群方法和智能监测养护设备形成的“土工合成材料固土 + 点锚加固 + 植被护坡 + 智能管养”一体化生态护坡整体解决方案。该技术在保证边坡稳定的同时，能为旅客提供更加安全、舒适、优美的乘坐体验，实现了路基边坡绿化机械化施工，显著减少了路堤边坡防护圬工量。

路堑边坡清理

路堑边坡打设点锚、铺设土工格室、金属网

路堑边坡喷播植生层及抗侵蚀层

路堑边坡绿色防护效果

浦梅铁路路堑绿色生态护坡

扫描二维码
了解更多相关知识

京张高铁路堑边坡绿色生态护坡

生态护坡智能管养系统：生态护坡智能管养系统包括气象站、传感器、视频监控、喷头、储水池及雨水收集池等构件，通过现场埋设边坡中的传感器，对植物重建土壤结构的温、湿度进行实时监测，实现根据土壤墒情变化及气象条件开启灌溉系统实现智能灌溉。

温度湿度、风速风向数据采集气象站

600 mm 散射喷头，喷灌半径可达 12 m

视频监控系统

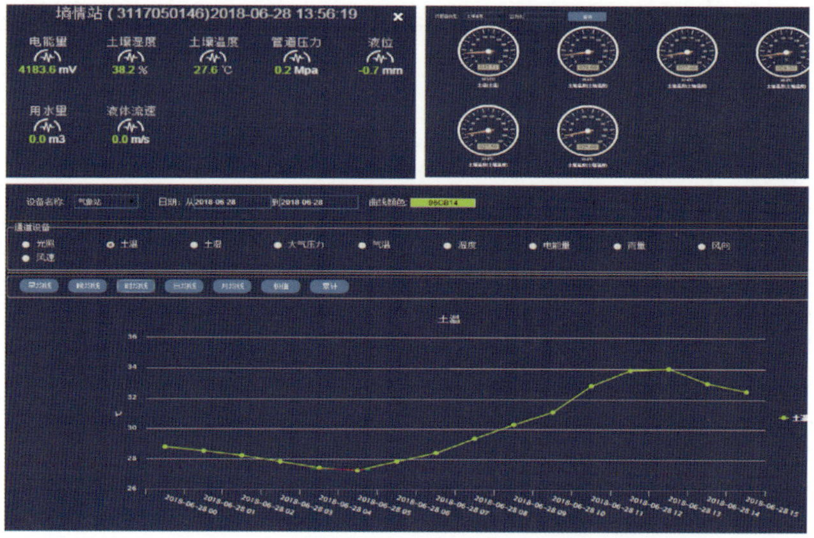

墒情气象数据自动采集及智能控制灌溉系统

太焦铁路路堑绿色生态护坡养护效果

4.5 装配式护坡技术

装配式护坡结构采用预制与现浇相结合的工艺，预制构件实现了工厂化预制，构件整体外观色泽均匀、美观；拼装完成后整体平整度较好，倒角处轮廓线顺直，顶面高程一致；结构几何尺寸一致，同时可以通过机械化施工提升现场施工工效。装配式护坡结构提高了护坡的整体稳定性与防护效果。

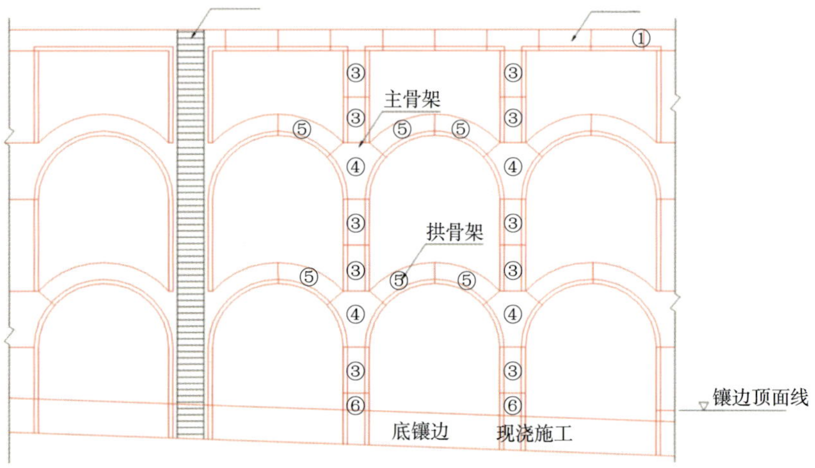

路堤骨架护坡构件分解

路堤骨架护坡构件场内预制

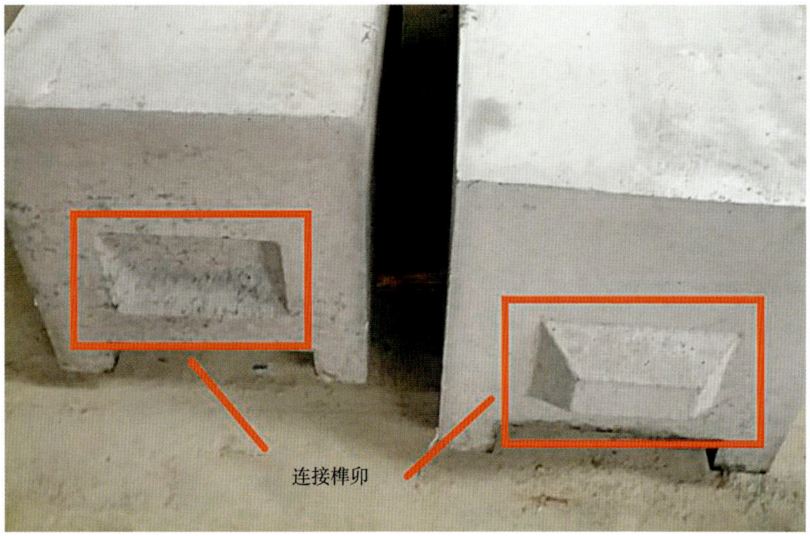

装配式拱形骨架榫卯搭接

装配式拱形骨架现场拼装

装配式骨架护坡现场拼装施工

装配式拱形骨架现场施工效果

学思想 强党性 重实践 建新功
中铁三局
WELCOME

第 5 章

路基防排水

扫描二维码
了解更多相关知识

第5章 路基防排水

在路基防排水方面，新时代以来形成了排水沟滑模施工、沥青混凝土封闭层施工、沟槽切割铣挖土模法等先进施工技术，研发了装配式盲沟等新型结构。有效提高了路基防排水机械化、装配式建造水平，显著提升了路基防排水施工效率和质量。

5.1 排水沟滑模施工

排水沟滑模施工技术采用挖掘机配备定型铲斗一次性将沟槽开挖成型，沟型规则，周边土体密实，无超欠挖；沟身混凝土或沟身灰土垫层采用滑模机施工，沟底、沟壁一体成型。排水沟滑模施工可应用于梯形水沟、矩形水沟施工，也可用于装配式排水沟三七灰土垫层滑模施工。

梯形水沟定型铲斗

梯形定型铲斗开挖沟槽

梯形水沟混凝土滑模施工

梯形水沟排水沟成型

矩形水沟滑模施工

矩形水沟滑模机摊铺混凝土

扫描二维码
了解更多相关知识

5.2 沟槽切割铣挖土模法

沟槽切割铣挖土模法采用无水切割与铣挖综合技术，有效控制开挖边线，保证基槽线形顺直，沟槽混凝土采用土模法一次性浇筑成型。

沟槽边线无水切割

5.3 装配式盲沟

装配式盲沟为外刚内柔、上圆下方的拱门形态，集承压、反滤、渗透、排水、防淤堵等多重功能于一体，渗排水性能优异，吸水与保水效能较强，可维持长期畅通的排水环境。

装配式盲沟采用工厂化预制技术，现场快速分节拼装，提高了施工灵活性和可控性，节省了工程投资，现场施工效率显著提升。已在渝昆、成达万等多个铁路项目应用。

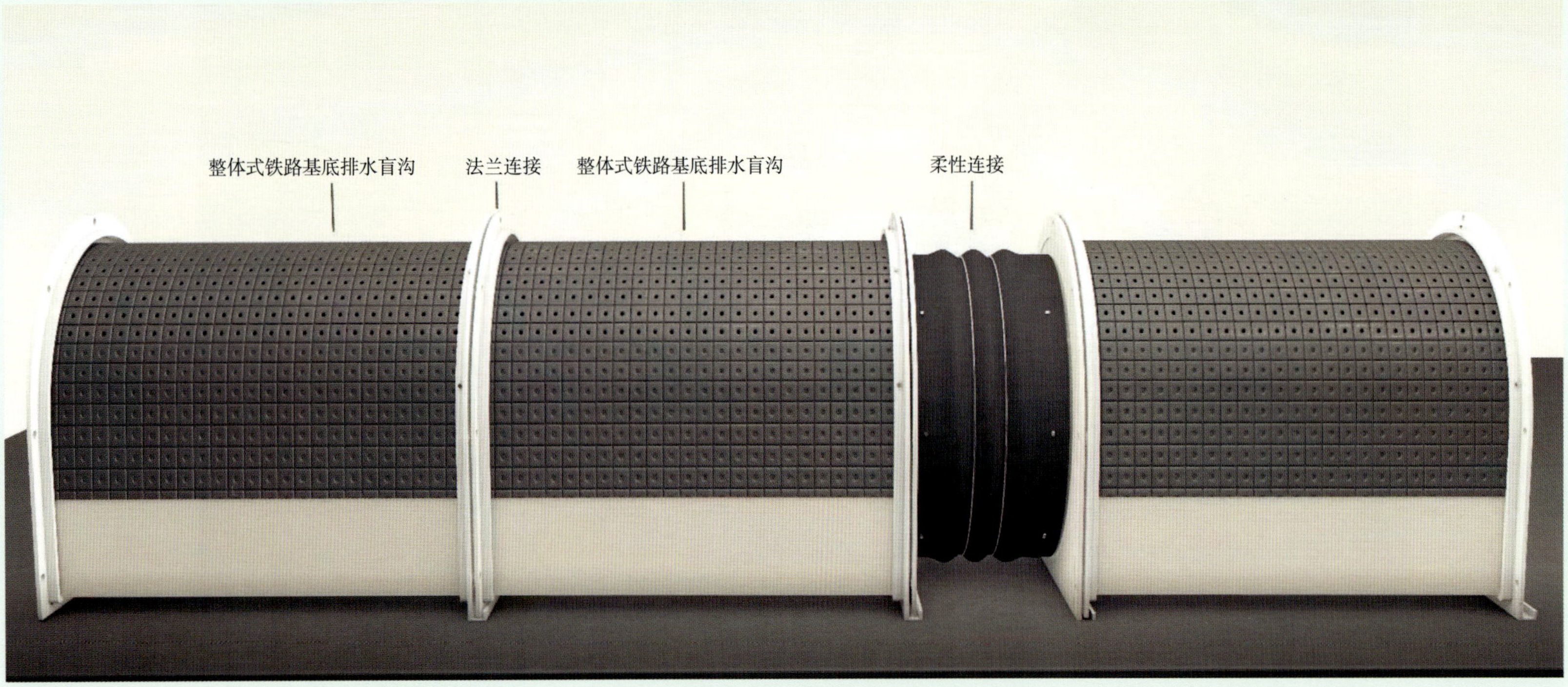

装配式盲沟结构示意图

盲沟底部基础浇筑

装配式盲沟现场拼装

扫描二维码
了解更多相关知识

5.4 沥青混凝土防水封闭结构

将沥青混凝土全断面铺设于高铁路基基床表层顶面，可实现以下功能：一是全断面沥青混凝土消除了传统混凝土类封闭层全部结构缝，避免了封闭层开裂、伸缩缝嵌缝失效导致的不良影响，实现整体化长效防水；二是全断面沥青混凝土显著改善轨道向路基的竖向刚度过渡、基床结构的受力状态和轨道—路基系统的振动特性，实现基床表层强化。

全断面沥青混凝土防水封闭结构特别适用于寒冷、严寒、多雨等特殊气候地区或膨胀岩土、湿陷性黄土等特殊土地段新建高铁路基的防水封闭。沥青混凝土等厚度代替基床表层的结构形式，已在京张、郑万、潍烟、京沈重载试车线等线路应用；基于全断面沥青混凝土强化层，优化基床各结构层厚度和无砟轨道底座厚度的结构形式，已在郑徐、牡佳、铁伊、沈白等线路应用。工程实践表明，全断面沥青混凝土防水封闭结构解决了不同区域气候及长期列车荷载下高铁路基长效防水封闭难题，提升了高铁轨道—路基的工程品质与服役水平。

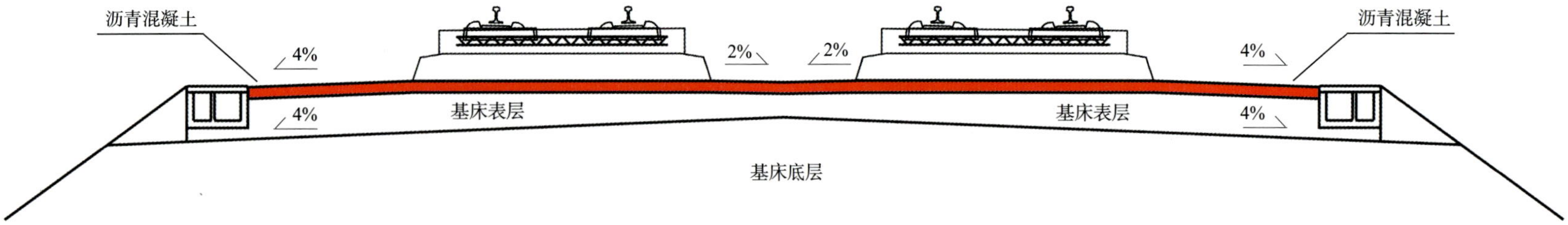

（a）无砟轨道

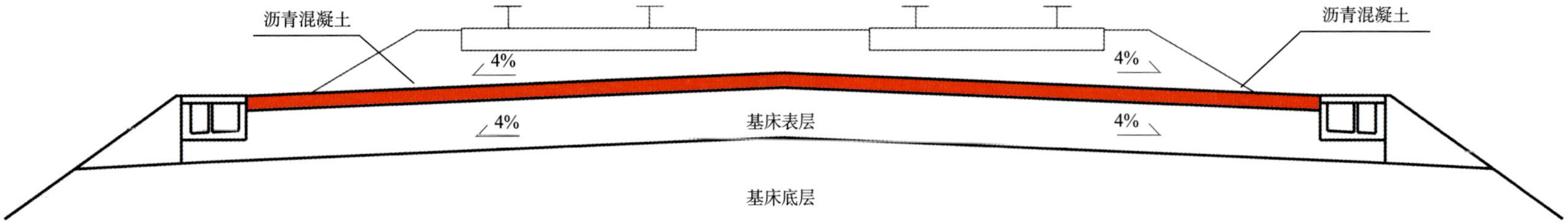

（b）有砟轨道

高铁路基全断面沥青混凝土防水封闭结构典型横断面示意图

高铁路基全断面沥青混凝土摊铺

高铁路基沥青混凝土压实

京张高铁沥青混凝土摊铺与压实梯队作业

潍烟高铁区间路基应用情况

郑万高铁站场路基应用情况

第 6 章

路基相关工程

第 6 章　路基相关工程

扫描二维码
了解更多相关知识

在路基相关工程方面，形成了栅栏基础机械化开槽及定位安装技术、台阶式路肩滑模施工等新技术，实现了防护栅栏、电缆槽、盖板、空心块等小型预制件的工厂化、智能化生产。有效降低了废品率，显著提高了路基相关工程施工效率和质量。

6.1 防护栅栏机械化施工

栅栏基础利用成孔设备机械化成孔，实现了定尺开挖，尺寸精准，施工工效显著提高；减少了对基坑周边土体的扰动，使栅栏基础与土体更好的嵌合，提高了栅栏整体稳定性。 栅栏立柱安装时采用定型卡控套装精准控制立柱位置，保证栅栏线形美观。

防护栅栏立柱卡具定位

栅栏基础机械化开槽设备

栅栏基础机械化成孔

扫描二维码
了解更多相关知识

6.2 台阶式路肩滑模施工

台阶式路肩滑模施工通过的滑模摊铺机，利用其自带的台阶式模具，在施工现场将混凝土连续浇筑并挤压成型，一次性完成台阶式路肩的浇筑工作，加快了施工进度，缩短工期。同时路肩滑模施工省去了传统方法中的预制、运输、现场安装、沟缝修正等工序，降低了材料和人工成本，进一步降低了工程造价，保证了施工质量。

台阶式路肩滑模施工

台阶式路肩施工效果

扫描二维码
了解更多相关知识

6.3 小型预制件智能施工

小型预制件智能施工融合应用了数字仿真、智能机器人、大数据、物联网等技术，历经广湛、渝昆等高铁建设实践，对生产线各工位设备的不断迭代升级，实现了整条产线的多品类、智能化生产，满足路基挡土板、路基空心砖、沟槽盖板、锥坡预制块、防护栅栏等小型预制构件的生产需求，提高了质量控制水平，有效降低废品率。

小型预制件智能生产工厂全貌

钢筋自动入模

小型构件智控蒸汽养护

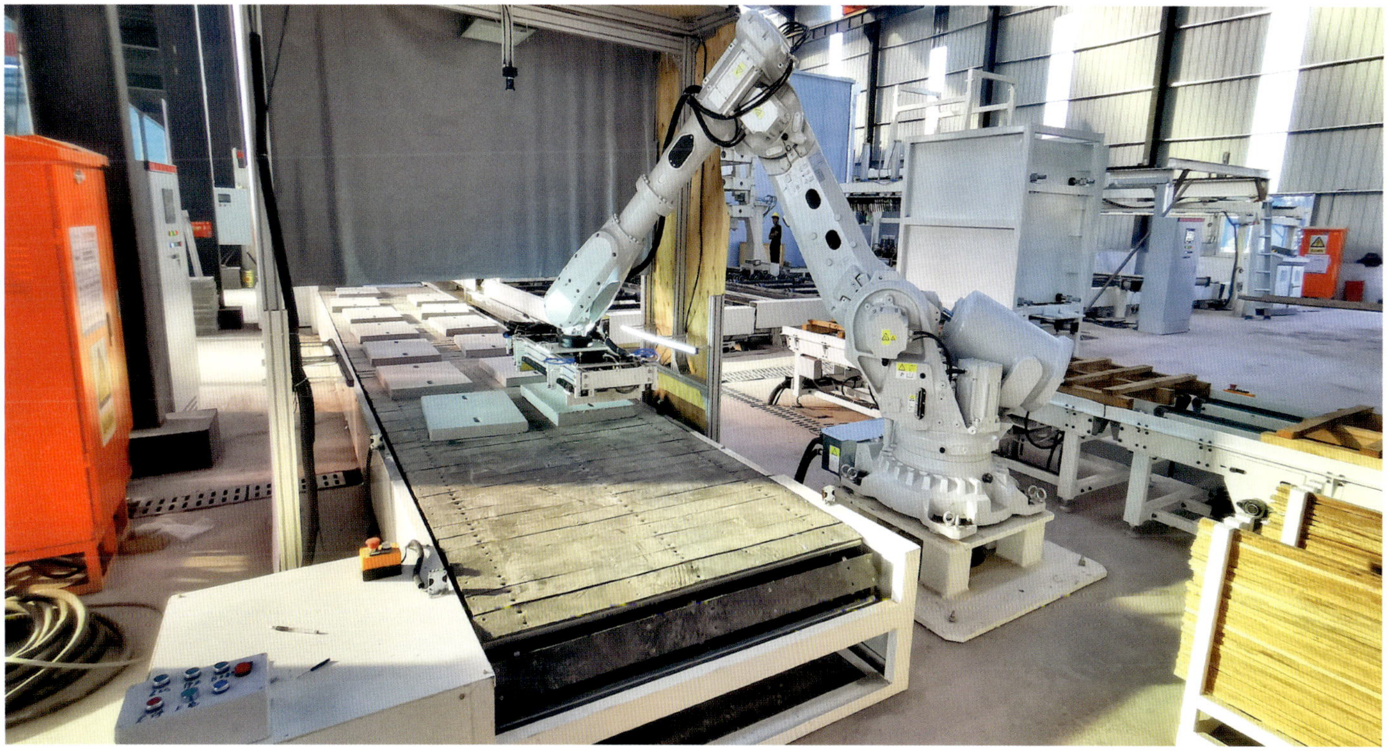

成品构件自动码垛打包

第 7 章

路基智能监测

扫描二维码
了解更多相关知识

第 7 章　路基智能监测

在路基变形监测方面，为达到路基变形监测的全方位信息管理和数据高效利用，构建了路基纵向平顺性及分层监测系统、路基冻胀监测系统、路基边坡安全状态监测系统，实现了监测数据信息化、智能化、可视化管理，为高速铁路的安全运营提供全天候技术支撑。

7.1 路基纵向平顺性及分层监测系统

在铁路路基施工过程中，地基不均匀沉降、填筑施工工序不当、地下水位变化等因素均可能导致其发生不同程度的变形。路基变形超限后引起的轨道不平顺将影响列车运行的安全性与舒适性，甚至导致轨道结构损伤，增加线路维护成本。可靠的监测手段可有效掌握路基施工过程中的稳定状态，动态指导现场施工，及时发现潜在问题并采取必要的措施，从而避免高昂的维护费用和结构失效带来的风险。铁路路基变形监测由高精度传感单元、本地采集存储单元、远程传输单元等模块组成，可实现高精度、高密度、长时间、不间断监测，是保障铁路建设安全、提高工程质量及降低长期运维成本的关键措施。

铁路路基纵向连续性监测系统元件布置图

铁路路基剖面沉降变形监测系统

铁路路基纵向连续性监测系统

7.2 路基冻胀监测系统

我国是冻土大国，季节性冻土区约占国土面积的 53.5%，根据《中长期铁路网规划》，到 2025 年季冻区高铁建设里程将达到 1.5 万 km。除了采取必要的路基冻胀控制措施外，应用冻胀监测系统实时监控季节性冻土地区的路基冻胀变形情况，可以进一步保障高铁运营安全。路基冻胀监测系统应用物联网技术，主要由现场监测站、移动通信网络站、监测中心站组成，可实现自动采集监测断面的冻胀变形、地温、含水量、地下水位等情况，并将实时采集数据传输给中心站，对数据进行汇总、存储、分析，及时发出预警信息。

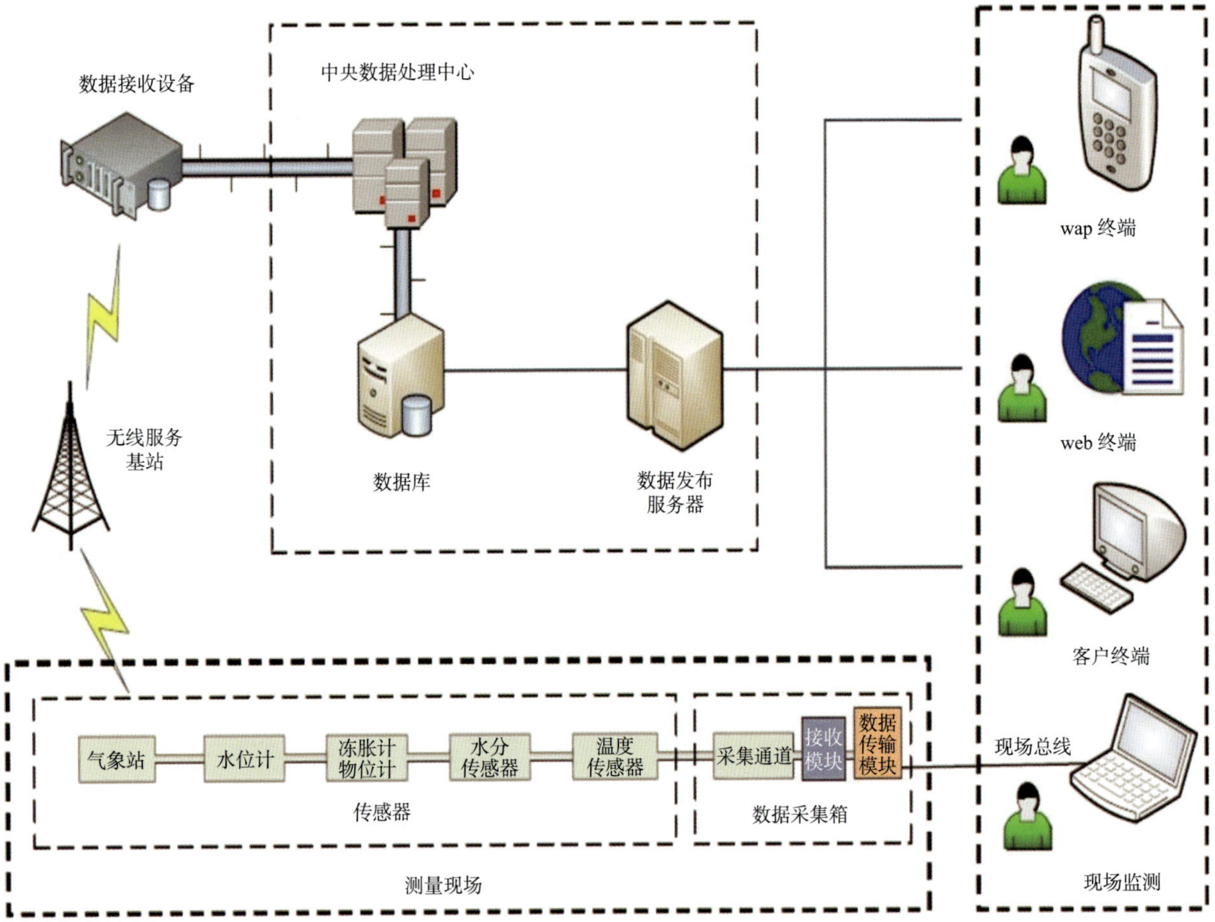

铁路路基冻胀监测系统元件布置图

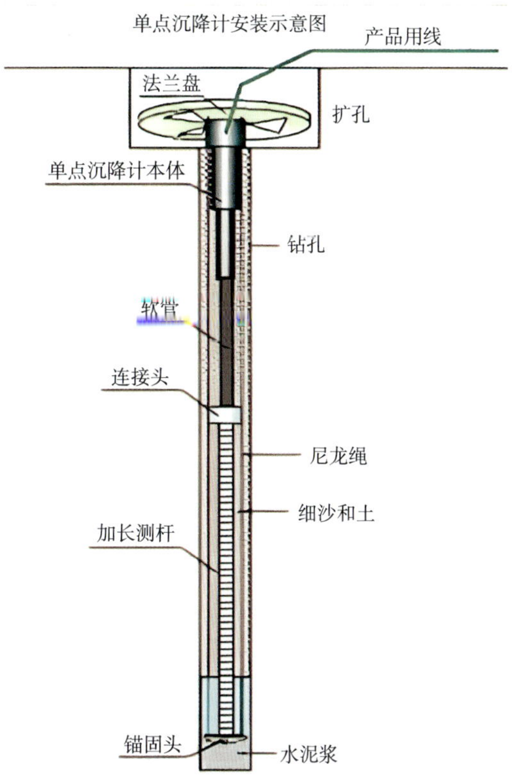

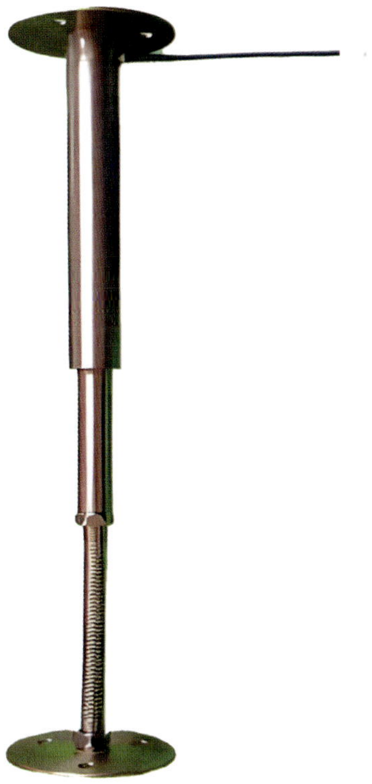

单点沉降计结构

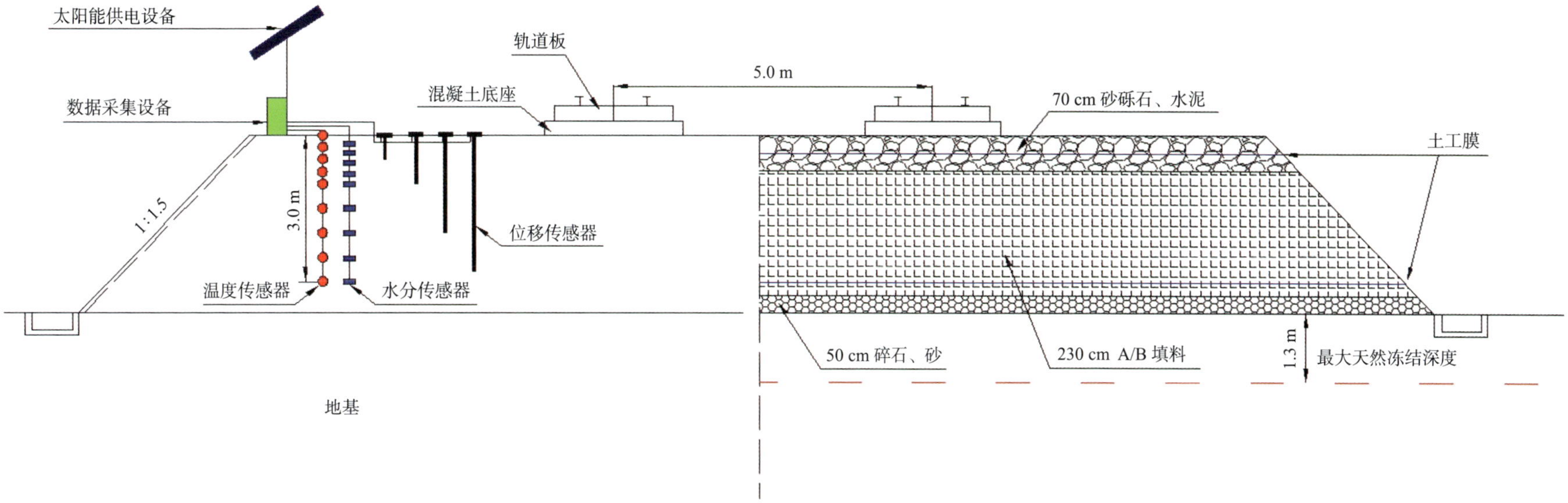

路基冻胀智能观测传感器布设示意图

7.3 路基边坡安全状态监测系统

铁路边坡工程施工过程中，由于地质条件复杂、环境气候多变、施工扰动剧烈等因素影响，可能会出现滑坡、塌陷等事故。通过实时监控地质、结构、环境等关键指标，可有效预防事故发生，保障人员安全，同时确保施工质量和效率。基于 GNSS 定位、阵列式 MEMS 传感、激光视觉感知等技术，实现区域性环境参量、边坡宏观稳定状态、边坡深部滑移风险等多维度实时监测与传输，通过数据可视化展示、智能化预测、定量化分级可满足边坡风险评估与控制，信息化指导现场施工。

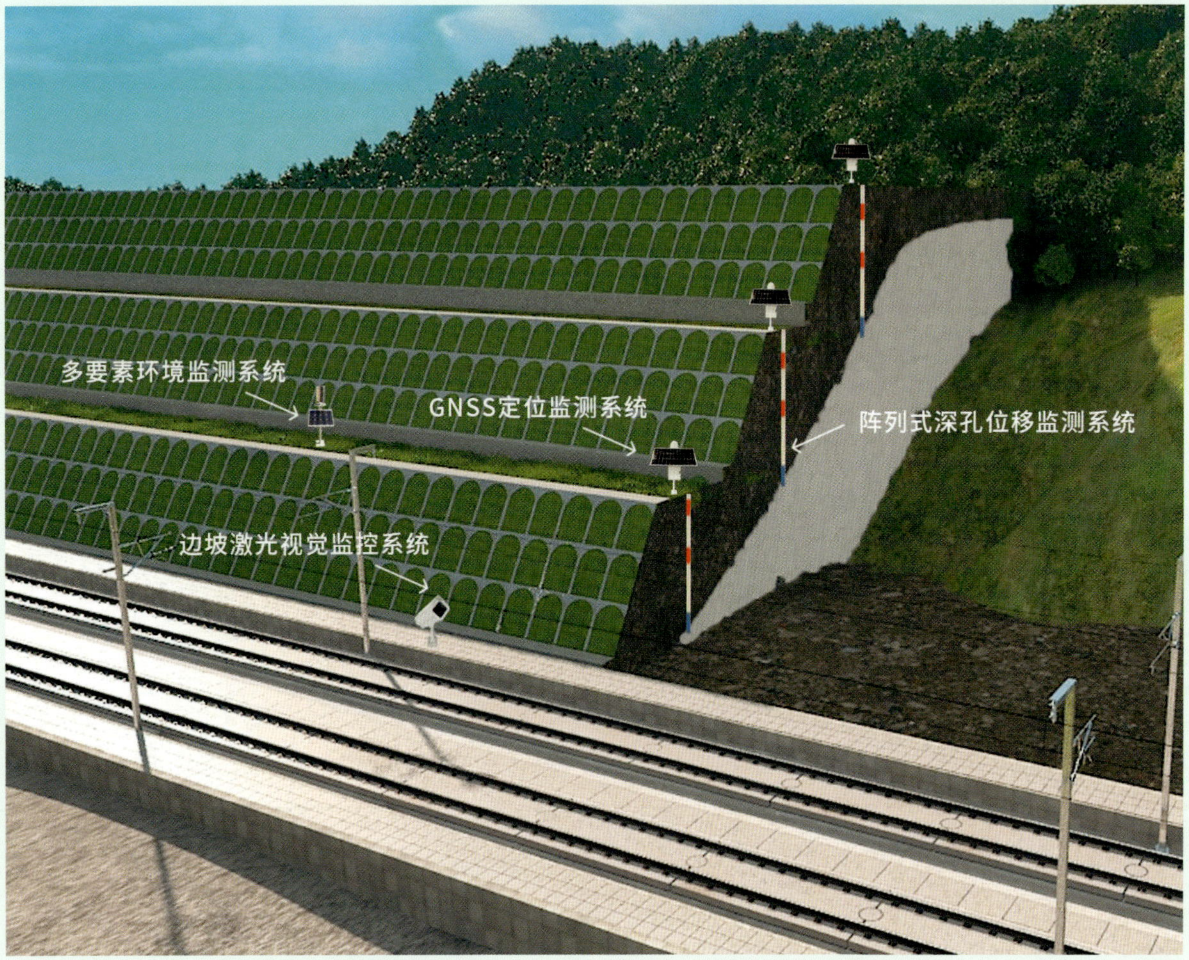

路基边坡安全状态监测系统元件布置图

阵列式深孔位移监测系统

GNSS 定位监测系统

边坡激光视觉监控系统

第 8 章

新线引入既有高铁车站建造技术

第 8 章　新线引入既有高铁车站建造技术

随着我国高速铁路网日益完善，新建铁路路基帮宽或引入既有高铁车站工程越来越常见。高速铁路工后沉降控制标准极其严格，需采用新技术以避免新建铁路帮填荷载和地基处理施工扰动引起既有高铁附加变形；需采用新设备避免施工作业影响既有线运营安全，并对既有高铁开展实时变形监测，提供安全预警。

通过综合采用泡沫轻质土填料 + 全套管全回转钻孔灌注桩 + 微型钢管注浆桩地基加固方案，实现了“零距离”帮填既有高铁施工，将既有高铁附加变形控制在 6 mm 以内，在保证既有高铁正常运营的条件下，将新建鲁南高铁成功引入既有京沪高铁曲阜东站。

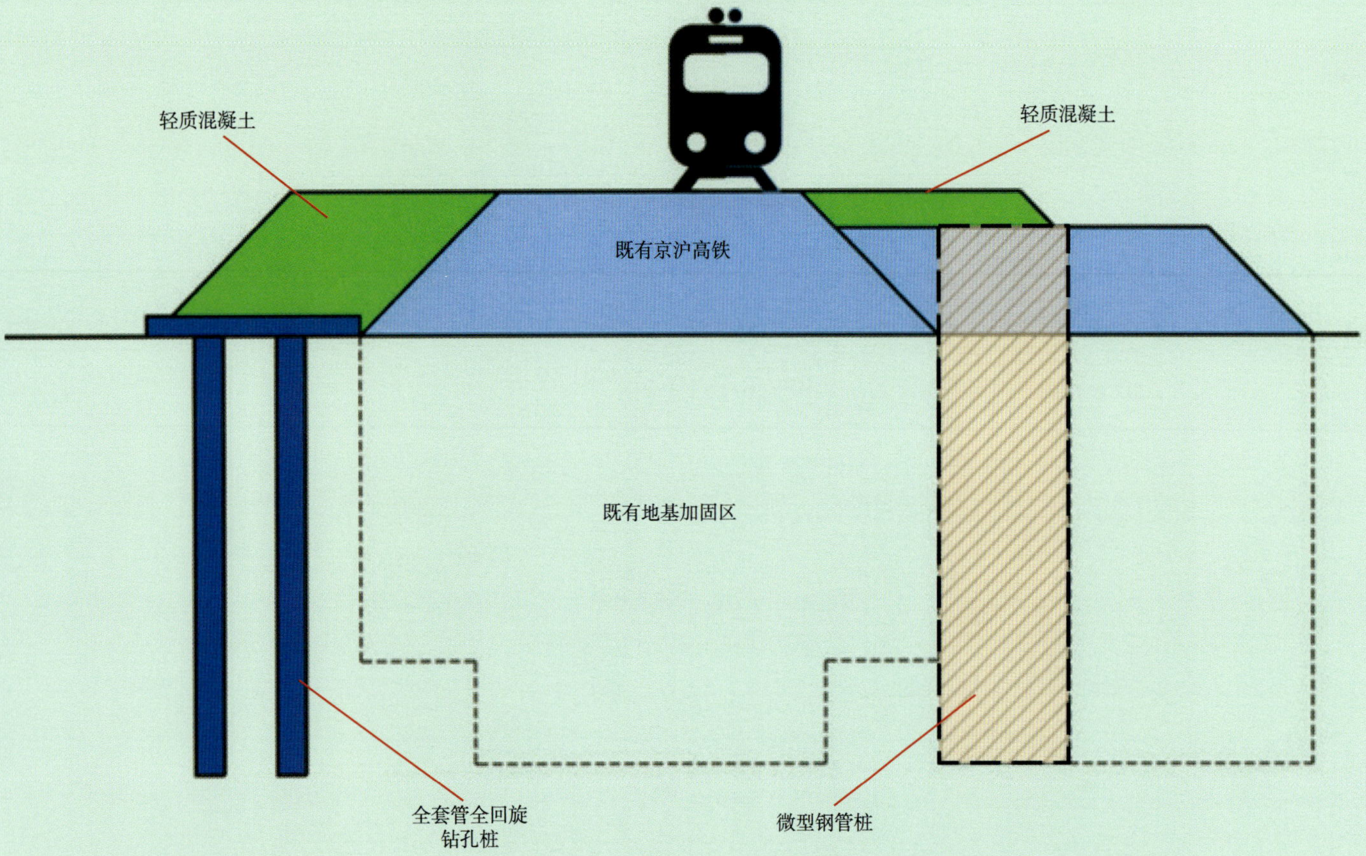

新建路基引入既有高铁建造方案示意图

鲁南高铁新建路基引入既有京沪高铁曲阜东站现场照片

钻孔桩成孔采用全回转超前跟管钻进、全过程套管护壁、反向回转滞后提升灌注工艺；针对紧邻运营高铁空间限制的要求，对设备进行“吊臂高度、旋转限位”改造，满足邻近营业线“全天候”施工条件，完成深达36 m的桩基础工程。

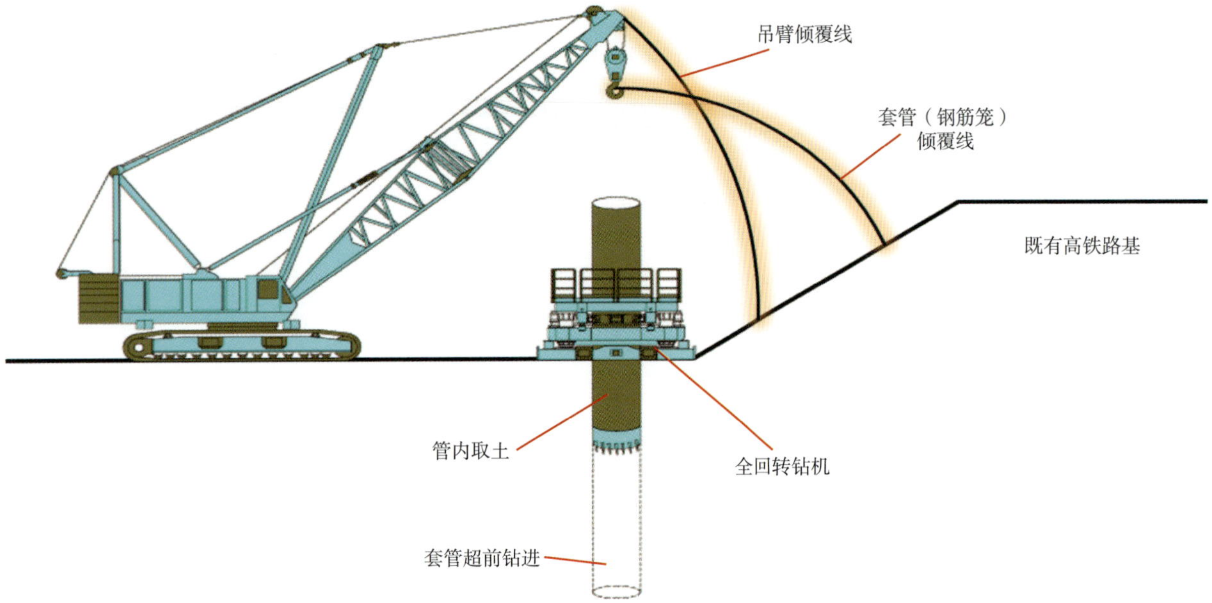

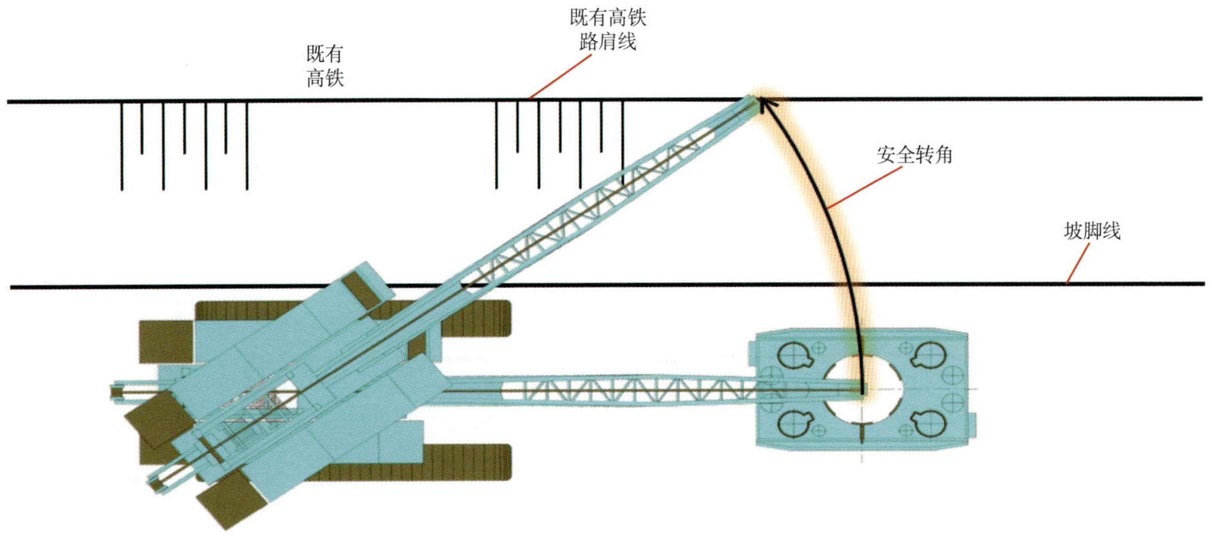

邻近既有线全套管、全回旋钻孔桩施工

高速列车通过时，全套管、全回旋钻孔桩正常施工

微型钢管桩施工机械

泡沫轻质土是一种轻质材料，含有大量封闭气孔，具有表观密度低、强度高、便于施工等特点。适用于狭小空间内浇筑，自流平，自硬化，无需碾压振捣。可有效减少帮填产生的附加应力，控制既有高铁附加沉降。

泡沫轻质土施工

泡沫轻质土施工完成

展　望

回望走进新时代的这十余年，我国铁路路基建设取得了举世瞩目的成就，绿色廊道蜿蜒伸展，沿线景观美不胜收，技术创新成果丰硕。展望未来，我们将贯彻党的二十大精神，以交通强国、数字中国、低碳环保、智能建造、智慧运维为关键词，大力发展铁路行业新质生产力，开启铁路路基建设新篇章，进一步促进铁路行业高质量发展，以满足人民更加舒适、便捷的出行需求。

交通强国战略为铁路路基建设指明了方向。在新的发展阶段，我们将继续加大投入，优化路网布局，提升铁路路基的承载能力，通过技术创新和管理创新，不断提升铁路路基的建设品质和服务水平。在未来的铁路路基建设中，我们将更加注重绿色、低碳、环保的理念，致力于打造更加生态、美观的绿色廊道。

数字中国的建设将为铁路路基建设插上智慧的翅膀。我们将充分利用大数据、云计算、人工智能、数字孪生等现代信息技术，推动铁路路基建设的数字化、智能化转型。数字孪生技术的应用，将使我们能够在虚拟环境中对铁路路基进行全方位的模拟和测试，进一步提升建设的精准度和可靠性。同时，我们还将利用数字技术优化路基设计，提高建设效率和质量，降低建设成本。这将有助于我们在实际建设之前，对路基的设计、施工和运维进行全面的预测和优化，确保铁路路基的建设质量和安全性能达到最高标准。

低碳环保是未来铁路路基建设的核心要求。我们将积极响应国家碳中和目标，大力推广环保材料和技术，在铁路路基建设中实现节能减排。同时，我们还将注重铁路路基的生态修复和环境保护，确保铁路建设与生态环境的和谐发展。我们将采用更加环保、可持续的建设方式，降低对环境的影响，提高铁路路基的生态效益。

智能建造将成为未来铁路路基建设的重要趋势。我们将推动建造方式的创新，引入更多的智能化设备和机器人，实现铁路路基建设的自动化、智能化。这将大大提高建设效率和质量，降低人工成本，同时也有助于提升铁路路基的安全性和稳定性。智能检修与运维也将成为我们关注的重点，通过运用先进的传感器、数据分析等技术，我们将实现对铁路路基的实时监测和预警，及时发现并解决问题，确保铁路的安全、稳定运行。这将有助于提升铁路的整体运营效率和服务质量，为人民群众提供更加安全、便捷、舒适的出行体验。

同时，我们还将特别关注铁路基础设施的安全与韧性。我们将加强铁路路基的防灾减灾能力建设，提高其对自然灾害和意外事件的抵御能力。通过采用先进的材料和技术，增强铁路路基的稳定性和耐久性，确保其在各种极端条件下的安全运行。我们还将建立完善的铁路路基安全监测体系，实现对铁路路基全面、实时、精准的监测和预警，及时发现并处理潜在的安全隐患。

在未来的铁路路基建设中，我们还将注重与其他交通方式的衔接和融合，推动综合交通体系的发展。我们将加强与城市规划、环境保护等领域的协调与合作，确保铁路路基建设与城市发展、生态环境保护的良性互动。同时，我们也将积极探索新的建设模式和管理机制，推动铁路路基建设的可持续发展，为全球交通基础设施建设提供中国智慧和中国方案。

我们有理由相信，在党的二十大精神的指引下，我国铁路路基建设将迎来更加辉煌的明天。未来的铁路路基将不仅是铁路交通的基石，更将是国家发展、人民幸福的坚实支撑。让我们携手共进，共同书写铁路路基建设的新篇章！

索　引

景观篇

1 平原铁路路基

2 山区铁路路基

索　　引

索　　引

索　引

8 风沙铁路路基

9 “一带一路”铁路路基

索　引

索　　引

2 路基智能填筑

3 支挡结构

索　引

3 支挡结构

4 边坡防护

索　引

4 边坡防护

5 路基防排水

索　引

索　引